매일 물어야 할 말

—

믿음아, 안녕?

매일 물어야 할 말

믿음아, 안녕?

박상현 씀

믿음아, 안녕?

박상현 씀

Contents

프롤로그   015   안녕하지 못한 가게들
                 016   안녕하지 못한 취업시장
                 017   어둠 속 유일하게 빛나는 복권

1. 나의 믿음은 안녕한가요?

023 3개월 만에도 무너진다
025 믿음의 불균형 시대
027 부러지기 전까지는 아무도 모른다
030 혼자 거절감에 빠져 있는 건 아닌지
033 믿음을 평가할 수 없다는 걸 알지만
037 위기 때 드러나는 믿음
040 들리는 소리가 너무 많다
044 바빠서 못 보고 지나친 건 아닐까?
047 가만히 계심이 은혜입니다
051 무엇이 부끄러운가요?

Contents

2. 매일 물어야 하는 말, 믿음아, 안녕?

057	이런 작은 일 정도면 괜찮지 않을까요?
060	마음은 원이로되 육신이 약하구나!
063	주인공 옆에는 언제나 악역이 있다
066	나에겐 시간이 필요했는지도
069	예의 없는 사랑은 폭력이다
071	수족관 안의 물고기처럼
074	거절의 용기가 필요하다
077	풀인가 꽃인가?
079	살기 위한 최소한의 운동
082	나의 믿음은 작지만 크신 하나님을 믿는다

3. 힘들 때 서로 물어야 하는 말, 믿음아, 안녕?

087 홀로 성장하는 시대는 끝났다
090 고독을 넘어 고립되지 않기 위해
093 누가 순교자이고 누가 변절자인가?
097 빛이 없어야 출구가 보인다
101 성경은 도끼여야 한다
103 네이밍의 중요성
107 신호 차단과 연결
109 환경과 습관에 따라 달라진다
113 슬럼프는 지금 열심히 하고 있다는 증거
116 한창나이 선녀님
118 잠수종과 나비
120 알고 보면 달리 보인다

Contents

4. 힘든 시간이 지나고 나면 훌쩍 커 있을 거예요

127 　작은 성공을 경험하라
129 　의지가 아니라 환경을 바꾸라
132 　아주 작은 습관의 힘
135 　집중할 수 있는 시간과 장소를 만들라
138 　성경이 현장을 만나야 신앙이 된다
141 　이름표를 붙여라
144 　특별은총과 일반은총
147 　앵커 습관
150 　다음 올림픽 준비해야죠
154 　먹방에서 탐방으로
157 　움직이고 어울려라
160 　체중계가 정확해야 한다

에필로그 165 믿음 탐색, 믿음아 안녕?

나의 믿음은 작지만 크신 하나님을 믿는다. 작은 파도에도 흔들리고, 어려움이 찾아올 모양만 보여도 불평과 원망이 먼저 쏟아진다. 성경을 읽으며 늘 흔들리는 믿음의 사람들을 보며 비웃고 있지만 사실 나는 그보다도 못하다는 것을 너무도 잘 알고 있다. 대단한 믿음이 있는 것처럼 큰소리칠 것이 아니라 겸손히 하나님께 '우리의 믿음을 더하소서' 하며 작은 믿음을 구하는 기도를 드려야 한다.

prologue

안녕하지 못한 가게들

몇 년 전 잠실에 있는 한 중국집 사장님이 스스로 생명을 끊었다. 너무도 안타까운 소식이다. 긴 경기 침체로 인해 소상공인들은 더 이상 버텨낼 힘이 없다. 이에 자영업 단체 6곳은 오후 5시부터 9시까지 항의의 표시로 간판에 불을 끄기도 했다.

코로나가 끝났지만 몇몇 상점들의 불은 하나둘씩 꺼져가고 있다. 소자본으로 시작한 가게들, 자신의 모든 것을 다 쏟아부은 가게들, 남은 퇴직금을 다 정리해서 시작한 가게들이라 더 이상 물러설 곳이 없어 지금까지 버텨온 상점들이었는데 버티면 버틸수록 적자만 쌓여간다. 배달 아르바이트를 해가며 어떻게든 견뎌 보려고 하는데 임대료가 비싼 가게들은 이마저도 쉽지 않다.

중국집 아들로 자란 나는 하루하루의 매상이 얼마나 큰지 너무나 잘 알고 있나. 그리고 가겟세를 줘야 하는 한 달은 어찌 그리 빨리 돌아오는지 알고 있다. 심지어 종업원을 두고 있는 가게는 월급 날짜까지 맞춰야 한다. 결국 불이 꺼질 수밖에 없다.

주변 사람들의 격려와 응원도 하루 이틀이지 긴 병에 효자가 없듯 긴 불황에 버틸 가게가 없다. 이제는 남느냐 안 남느냐가 아니라 사느냐 죽느냐의 문제가 되어 버렸다. 정리한다고 해도 남게 된 채무는 앞으로 어떻게 갚아나가야 할지 깜깜할 뿐이다. 현실만 불이 꺼진 것이 아니라 미래까지도 불이 꺼져버린 가게들 앞에 종이가 한 장씩 한 장씩 붙기 시작한다.

'임시휴업, 폐업, 임대'

앞으로 얼마나 더 많은 가게의 불이 꺼지게 될까? 가게 사이를 걸어가는 나의 마음이 너무나 무겁다. 화려한 가게 조명 안에서 가장 깊은 어두움을 경험하고 있을 자영업자들의 마음에 어떻게 믿음의 불을 켜줄 수 있을까? 저절로 기도하게 된다.

안녕하지 못한 취업시장

안 그래도 좁았던 취업의 문, 이제는 바늘구멍으로 좁아져 버렸다. 모든 것을 환경의 탓으로 돌릴 수는 없지만, 코로나로 불황을 겪는 기업체들이 신규 채용을 미루거나 취소했기 때문이다.

작년 대졸자 취업률 65.1%. 열 명 중 3명 이상은 취업을 못 하는 상황이 되었다. 어른들은 젊은이들이 열정이 없고 패기가 없어서 그렇다고 한다. 좋은 일자리만 찾아서 그렇지, 중소기업은 일할 사람이 없다고 한다. 마치 취업하지 못하는 것이 열정 없이 조건만 따지는 청년들의 잘못인 것처럼 말하지만 과거 놀라운 경제성장을 하던 시절과 비교하는 부모들과 마음만 더 멀어질 뿐이다.

이젠 명절이 되어도 집에 가기가 더 싫어진다. 취업에 대해 묻는 친척들을 향해 멋쩍은 웃음을 지으며 화제를 돌려야 하는 나 자신이 싫기도 하고, 현실을 모르는 어른들의 조언을 듣고 아무렇지 않은 표정으로 고개를 끄덕여야 하는 상황이 청년들을 더욱 힘들게 한다.

취업을 위해 지금까지 정말 열심히 달려왔는데 학점관리, 자격증 취득, 어학 준비, 인턴 경력까지…. 그런데 기술의 발전은 얼마나 빠른지 도저히 따라잡을 수가 없다. 뭘 해야 할지 모르는 막막함에 오늘도 토익 책을 펴놓고 공부하고 있지만 집중은 되지 않는다. 거기에 카공족에 대한 불편한 시선 때문에 마음 편하게 앉아 있을 곳도 없다.

 취업의 불만 꺼져가는 것이 아니라 그나마 남아있던 청년들의 희망의 불도 함께 꺼져가고 있다. 캄캄해져 버린 청년들의 마음에 어떻게 믿음의 불을 켜줄 수 있을까? 오늘도 미안함과 안쓰러움으로 청년들의 마음에 작은 믿음의 불이 다시 켜지길 기도한다.

어둠 속 유일하게 빛나는 복권

 경기 침체가 너무 장기화되다 보니 사람들이 희망을 품을 곳이 없어져 버렸다. 열심히 일한다고 해서 이 문제가 해결되는 것도 아니고 더 일찍 일어나 가게 문을 연다고 해서 어려움을 이겨낼 수 있는 것도 아니다.

 버틸 힘조차 남지 않은 사람들은 막연하지만 모두에게 기회가 있는 복권에 희망을 걸어본다. 그래서 그런지 올해 복권 판매량은 역대 최고치 6조 원에 이르고 있다. 작년 불황 때 5조 원을 넘겨 최고치를 갈아치웠는데 올해 또다시 최고치를 경신하고 있다.

 언제 끝날지 모르는 불황에 캄캄하고 막막하기만 한 사람들은 오늘도 작은 희망을 품고 복권 판매점 앞에 줄을 서 있다. 아무것도 안 하고 있을 수는 없기에 작은 종이 복권 하나 가슴에 품고 한 주를 버텨나가는 사람들이 점점 더 많아지고 있다. 거기에 헛된 희망을 두지 말라고 말하고 싶지만, 차마 입이 떨어지지 않는다.

 그렇다면 지금 나의 믿음은 안녕한가? 점점 비워져 가는 가게들처럼 임대 현수막 한 장 붙어있고 휑하니 비어 있는 건 아닐까? 하나님을 향한 작은 믿음의 불마저 꺼져버린 건 아닐까? 어둠 속에 빛나는 환한 불빛을 보고 불나방처럼 잘못된 방향으로 달려가고 있는 건 아닐까?

우리는 지금, 이 시점에서 나의 믿음을 점검해 봐야 한다. 팬데믹과 경기 침체 때문이라고 핑계 대며 주저앉아 있기에는 시간이 너무 많이 흘러버렸다. 여전히 막막한 한숨의 자리에 앉아 있는 나의 믿음이 정말 안녕한지를 물어봐야 할 때이다.

믿음아! 끝까지 흔들리지 말고 내가 기도할 수 있게 해 주길 바란다.

1

나의 믿음은
안녕한가요?

3개월 만에도 무너진다

 2021년 8월 15일 우리나라에는 주권을 회복한 광복절이었지만 아프가니스탄에는 탈레반에게 항복한 날이다. 미국이 아프가니스탄에서 철군을 시작하기 전까지는 어려움은 있겠지만 이렇게 쉽게 함락될 것이라고는 아무도 생각하지 못했다. 5월 1일부터 철군을 시작한다는 발표가 난 이후 불과 3개월 만에 정권이 탈레반으로 넘어가게 되었다.

 지난 20년간 미국이 아프가니스탄에 쏟아부은 자금이 무려 2,650조에 달한다. 우리나라 2021년 예산이 558조였던 것으로 계산해 보면 거의 5년 치 예산에 해당하는 금액이다. 군대와 경찰의 무기, 훈련, 운영에 대한 막대한 재정을 지원해 주었다. 정부군은 30만 명이고, 탈레반은 6만 명에 불과한데 어떻게 이렇게 쉽게 무너질 수 있었던 것일까?

 그런데 이 뉴스를 보며 그 이유도 궁금했지만, 그보다 '우리의 믿음은 과연 어떨까?'라는 생각이 먼저 들었다. 예수 그리스도를 내 안에 모셔 들인 지 오랜 시간이 지났고, 그동안 나름 믿음의 사람이 되기 위해 쏟아부은 많은 분의 사랑과 헌신이 얼마나 큰지 모른다. 나를 위해 지금까지 기도해 오고 계신 어머니도 있고, 성경을 가르쳐 주신 선생님도 계시고, 아름다운 교회를 세우고 지켜 오신 많은 헌신자도 있다. 그렇다면 지금 내 믿음은 그 어떤 공격에도 흔들리지 않을 만한 믿음이 되어 있는가?

위기가 있기 전까지는 아무도 알지 못한다. 대통령이 있고, 정부가 구성되어 있고, 군대가 있고, 경찰이 있고, 무기가 있어서 아무런 문제가 없어 보인다. 그런데 공격이 시작되면 금방 들통난다. 그래서 위기가 찾아오면 금방 드러날 수밖에 없다.

우리는 지금 어떠한가? 3개월이 아니라 무려 3년이다. 밖에서 보기에는 아무런 문제가 없어 보인다. 교회 건물도 그대로 잘 유지되고 있고, 목회자들도 잘 있는 것 같고, 성도들도 예전만큼 교회에 나오지 못하고 있어서 그렇지 안전하게 잘 있는 것 같다. 하지만 정말 믿음을 잘 지켜나가고 있을까? 특히 예상하지 못한 어려움속에서 우리 성도들의 믿음도 무너지지 않고 잘 지켜지고 있을까?

이제 믿음의 스위치를 다시 점검해야 한다. 겉모습만 보고 안심해서는 안 된다. 자칫 방심하면 20년간 지켜온 나라도 불과 3개월 만에 무너질 수 있는 것처럼 우리의 믿음이 무너지는 것도 순식간이다. 그 어떤 상황에도 무너지지 않을 수 있도록 예수 그리스도와 함께 다시 믿음을 점검하고 우리는 일어나야 한다.

믿음의 불균형 시대

우리가 살아가는 세상은 불균형으로 이루어져 있다. 부를 가진 사람이 더 많은 부를 가지게 되고, 권력을 가진 사람이 더 많은 권력을 소유하게 되어 있다. 그래서 많은 지도자가 이러한 불균형을 없애자고 외치고 있으며, 그러한 세상을 만들기 위해 애쓰고 있다.

하지만 부의 불균형은 점점 더 심화되고 있다. 생활이 어려워지고 소득이 줄어드는 고통은 이 땅을 살아가고 있는 우리 모두가 겪는 아픔이다. 그런데 소득 수준에 따라 그 고통의 정도를 살펴보았을 때 소득이 낮고 경제적으로 어려운 사람들이 더 많은 아픔을 겪고 있다.

이로 인한 빈부의 격차는 점점 더 심화되고 있다. 정부에서는 다양한 지원금으로 경기를 부양하려 하지만 그것만으로는 무너진 서민들의 경제를 다시 일으켜 세우기 역부족이다. 집값은 너무 높아져 집 한 채를 사기 위해 평생 돈을 모아도 불가능한 상황이 우리의 마음을 더욱 좌절하게 만들고 있다.

그렇다면 믿음의 격차는 어떻게 되고 있을까? 코로나 이전과 그 이후, 교회에 출석하고 있는 인원은 60~70%에 불과하다. 물론 교회에 나오느냐, 안 나오느냐로 믿음의 정도를 측정할 수는 없지만 가정에서 드리는 예배만으로 얼마나 풍성한 믿음 생활을 하고 있을지는 염려스럽다.

'믿음'이라는 것은 단순히 예배만 드린다고 해서 되는 것도 아니고, 기도만 해서 되는 것도 아니며, 찬양만 해서 풍성해지는 것이 아니다. 하나님과의 만남과 더불어 형제자매와의 만남, 이웃과의 만남 속에서 때로는 부딪히고 넘어지며 믿음은 더욱 성장해 가기 때문이다.

세상은 점점 더 벌어지고 있는 빈부의 차이와 학력의 격차를 두고 걱정하고 있을지 모르지만, 우리는 점점 더 벌어지고 있는 믿음의 격차를 두고 기도해야 할 때이다. 빈부의 격차가 이 땅에서의 삶을 결정한다면 믿음의 격차는 영원한 하나님 나라에서의 삶을 결정하기 때문이다.

더 이상 벌어지면 쫓아가기 힘들지도 모르겠다는 위기의식이 필요한 때이다. 다시 나의 믿음을 스스로 점검해야 할 때이다. 그리고 혹시 나의 믿음이 안녕하지 못하다면 다시 말씀과 기도와 찬양과 사랑으로 나의 믿음을 회복시켜 나갈 때 우리는 믿음의 부요함을 누릴 수 있다.

부러지기 전까지는 아무도 모른다

세상에는 많은 질병이 있고, 사람들이 두려워하는 질환도 있다. 그래서 사람들은 이를 대비해 정기검진과 다양한 검사를 통해 수시로 점검하며 혹시 모를 발병에 대비하고 있다. 그런데 재미있는 점은 특별한 통증이 없고 생활에 불편함이 없는 골다공증과 같은 질병에는 크게 신경을 쓰지 않는다는 것이다. 그리고 혹 질병을 알게 된 경우도 계속 치료를 받지 않고 30%의 환자들만 끝까지 치료를 받는다고 하니 이상하다는 생각이 든다. 사람들이 치료받지 않는 이유는 분명하다. 아무런 증상이 없고 보기에는 멀쩡하기 때문이다.

하지만 부러져 보면 알게 된다. 내 뼈 안이 얼마나 많이 비어 있는지, 그리고 다시 일어나기가 얼마나 힘든 것인지 느껴야만 알 수 있다. 그리고 한번 골절이 발생하기 시작하면 반복적으로 일어난다. 그래서 어르신들의 경우 한번 넘어져 고관절이라도 부러지고 나면 다시 일어나지 못하는 경우를 심방을 하며 종종 보게 된다.

그런데 미리 알 수 있는 몇 가지 체크 방법이 있다. 그중에 하나가 40세 이후 키가 4cm 이상 줄었다면 골다공증을 의심해 보라는 것이다. 검사를 받아보고 원인을 파악해서 그것에 맞는 처방과 치료, 그리고 관리를 하면 된다.

우리 신앙생활도 이렇게 점검할 수 있다. 보기에는 참 멀쩡한데 뼈 안의 골밀도로 점검해 볼 수 있는 것처럼, 우리의 신앙의 키는 얼마나 자랐을까? 혹시 최근 몇 년 동안 4cm 이상 줄어든 것은 아닐까? 아쉽게도 뼈가 부러지기 전까지는 아무도 모르는 것처럼, 우리의 신앙도 그렇다.

　골밀도가 높아지도록 비워진 구멍들을 하나씩 채워나가야 하듯 보기에만 멀쩡한 신앙이 아니라 그 어떤 바람에도 흔들리거나 넘어지지 않는 튼튼한 믿음의 뼈대를 가진 신앙으로 다시 일어나야 한다. 특별한 통증이 없고, 생활에 불편함이 없다고 치료를 멈추지 말고, 지속적인 운동과 영양으로 하나님 앞에 서는 그 순간까지 든든한 믿음으로 서 있기 위해 힘써야 한다.

혼자 거절감에 빠져 있는 건 아닌지

 누군가에 대한 믿음이 클수록 실망감도 크다. 언제나 내 편인 줄 알았던 사람으로부터 받는 거절은 더 큰 상처를 남긴다. 하나님은 나에게 늘 그런 존재였다. 늘 나의 편이라 생각했고 사랑에 있어서 하나님은 나를 사랑해 주는 분이었다.

 그런데 요즘 우리 하나님의 침묵이 너무 길어지고 있다. 처음에는 그동안 내가 하나님 아버지께 너무 떼를 썼나 싶었다. 조금 지나서는 내가 너무 무리한 걸 말씀드렸나 싶었다. 그러다 시간이 조금 더 지나서는 화가 많이 나셨나 싶었다. 그런데 몇 년의 시간이 지나고 나니 나도 지쳤다. 물론 이 기다림에도 내가 다 헤아리지 못하는 하나님의 뜻이 있다는 것을 분명히 알고 있다. 그럼에도 지쳤다고 말할 수밖에 없다.

 매일매일 드리는 기도가 매번 거절된다는 느낌은 이제 답답함을 넘어 나에 대한 정체성으로 이어진다. 분명 '너는 내 아들이고, 내 딸이라고 이야기해 주셨는데도 왜 아무런 대답이 없으시지?' 반복되는 거절 속에 이제는 '내가 하나님의 자녀가 맞나?'라는 생각까지 들게 된다. 거기다가 믿는 자나 믿지 않는 자나 똑같이 힘들어지는 상황 속에서 말씀을 통해 주시는 작은 위로가 다시 일어날 힘이 되지 않고 있다.

거절이 내 가슴 속 깊숙이 자리 잡았다. 그리고 나는 땅이 꺼지는 결론에 도달했다. '나는 아무것도 아니구나. 나는 아빠에게 아무 가치도 없는 애구나. 나는 하나님께도 아무런 가치가 없구나.' 이렇게 뒤섞인 감정들이 나의 새로운 정체성이 되었다.˙

나는 아버지께 어떤 존재일까? 나는 너무 힘들고 아픈데, 말로만 위로하시는 아버지가 이젠 조금씩 미워지고 있다. 광야에도 길을 내시고, 사막에도 강을 만드시는 하나님이 왜 나의 삶에는 아무런 길도 강도 내주시지 않는 걸까?

알고 있다. 그럼에도 하나님이 나의 아버지인 것을 알고, 그럼에도 하나님이 나를 사랑하고 계신다는 것을 안다. 하지만 이젠 거절이 두려워 기도하기가 겁이 난다. 아버지의 침묵이 두려워 이젠 아무것도 구하고 싶지 않아진다.

예수님이 십자가 앞에서 느끼신 거절감이 이런 거절감이었을까? 이것과는 비교도 할 수 없는 거절감이었겠지? 어쩌면 십자가의 고통보다 아버지의 침묵과 거절이 더 큰 고통이었을 것 같다. 그럼에도 아버지의 뜻에 순종함으로 이루신 십자가의 사랑. 나의 이 연약한 믿음으로 과연 흉내 낼 수 있을까? 두렵지만 예수님의 마음을 조금 알게 된 것만으로 감사하며 끝까지 한번 따라가 보려고 한다.

---

* 리사 터커스터, 『나는 매일 거절당한다』 김성웅 역. 빅서스. 2017년, 24쪽.

믿음아! 끝까지 흔들리지 말고, 내가 기도할 수 있게 해 주길 바란다.

믿음을 평가할 수 없다는 걸 알지만

오디션 프로그램이 참 많이 진행되고 있다. 트로트로부터 시작해서 CCM에 이르기까지 너무나 다양한 장르에 다양한 오디션 프로그램이 편성되어 있다. 이러한 프로그램을 볼 때마다 놀라지 않을 수 없다. 우리나라에 노래 잘하는 사람들이 이렇게 많았나? 나 빼고는 대한민국 국민 모두가 노래를 잘하는 것 같다.

그런데 또 하나 놀라는 것은 평가단이다. 평가단 대부분은 그 분야의 대가들로 구성된다. 정말 음악적으로 인정받는 가수나 작곡가 아니면 한 분야의 대가들이 모여서 한명 한명을 평가하고 합격과 탈락을 결정한다. 그런데 한 사람을 향한 평가가 항상 똑같지만은 않다. 어떤 평가자는 최고라고 판정하지만, 어떤 평가자는 아무런 감동이 없었다고 판정한다. 이처럼 누군가의 노래 하나조차 평가하는 게 쉽지 않다.

그렇다면 누군가의 믿음을 정확히 평가할 수 있을까? 우리는 너무 쉽게 누군가의 믿음이 '좋다, 혹은 나쁘다'라고 평가한다. 그런데 그 사람에 대한 나의 평가가 과연 정확한 평가일까? 누군가가 나에 대해 어떻게 이야기했다는 말을 들으면 이렇게 혼잣말한다. '그 사람이 나에 대해 얼마나 안다고?'

마찬가지이다. 우리가 평가하는 그 사람의 모습은 한 단면일 뿐이다. 교회에서 보는 모습, 회사에서 보는 모습, 운동할 때 보는 모습, 같이 여행하며 보는 모습. 그런데 우리는 교회에서 보이는 모습과 겉으로 드러나는 모습만 보고 누군가의 믿음을 평가하고 있다. 그 사람이 집에서는 어떻게 살아가고 있는지, 가족에게는 어떤 모습으로 비치고 있는지조차 제대로 알지 못하면서 말이다.

그래서 우리는 누군가를 평가할 수 있는 사람이 아니라 하나님께 맡겨야 하는 사람들이다.

물론 믿음의 크기는 평가할 수 있습니다. 다만, 우리는 그것을 평가할 수 없습니다. 우리 중에 남의 믿음을 정확하게 통찰하여 그 수치를 볼 수 있는 사람이 있습니까? 그 정도를 매기는 것은 하나님이 아닌 자기 기준에 의한 것입니다. 오직 주님만 하실 수 있는 영역인데 말이죠.[*]

다른 사람의 믿음은 그렇다고 해도 나의 믿음에 대해서는 나 스스로 알고 있다. 나의 믿음이 얼마나 형편없는지, 나의 믿음이 얼마나 보잘것없어 보이는지 말이다. 그래서 나는 나의 믿음이 얼마나 부끄러운 믿음인지 너무 잘 알고 있다. 그런데 가끔 다른 사람들이 내 믿음을 너무 크게 평가해 주면 부끄럽다. 아니라고 손사래를 치는 것이 더 이상할 것 같아 그냥 웃고 있을 뿐이지 정말 부끄럽다.

특히 힘든 일을 겪을 땐 믿음을 챙기기 쉽지 않다. 계속해서 '이것만 끝나고 나면, 저것만 끝나고 나면…'이라는 말만 되뇌며 제자리에 머물러 있다. 어쩌면 머물러 있기라도 하면 다행일 텐데, 지금은 어디에 있는지조차도 모른 채 또 하루를 바쁘게 살아가고 있다.

---

* 손성찬, 『묻다 믿다 하다』, 죠이선교회, 2018년, 39쪽.

그래서 광풍 속에서 두려워 떨고 있는 제자들에게 예수님이 물었다.

제자들에게 이르시되 너희 믿음이 어디 있느냐 하시니 그들이 두려워하고 놀랍게 여겨 서로 말하되 그가 누구이기에 바람과 물을 명하매 순종하는가 하더라 누가복음 8장 25절

남들은 평가할 수 없지만 나만큼은 알고 있는 믿음을 가지고 내가 왜 지금 두려워하고 있는지, 내가 왜 이렇게 염려하고 있는지. 두려움과 염려를 없애려 하지 말고, 나의 믿음이 어디에 있는지 다시 돌아보고 회복해 가는 시간이 되기를 바란다.

위기 때 드러나는 믿음

러시아가 우크라이나를 침공하자 많은 사람이 걱정했다. 우크라이나 신임 대통령이 잘 대처할 수 있을까? 정치 경력도 6개월밖에 되지 않고, 코미디언 출신이었기에 주변 사람들이 걱정하지 않을 수 없었다. 지난번 아프가니스탄 대통령처럼 전쟁이 시작되자마자 국민을 버리고 도주하는 건 아닐까?

위기는 사람의 감추어진 것까지 다 보여준다. 평소에는 똑같은 대통령이지만 전쟁이라는 위기 앞에서 두 사람의 리더십은 그대로 드러났다. 한 대통령은 국민을 버리고 도주하고, 다른 대통령은 끝까지 수도에 남아 국민과 함께 싸웠다. 그래서 우크라이나의 볼로디미르 젤렌스키 대통령의 리더십은 세계를 놀라게 했다.

믿음도 마찬가지다. 평소에는 다 좋아 보이고 똑같아 보인다. 모두 예수님을 잘 믿는 것 같고, 신앙생활을 잘하는 것처럼 보인다. 그런데 믿음은 위기 앞에서 적나라하게 실체를 드러낸다. 개인의 삶에 찾아온 고난과 어려움에서, 그뿐만 아니라 전 세계적으로 찾아온 장기적 위기 앞에서 나의 믿음이 어떠한지, 한국 교회의 믿음이 어떠한지 다 드러나기 마련이다.

평상시에는 잘 모르지만 환란이 오면 믿음의 양이 드러나는 법입니다. 고난을

얼만큼 잘 견디는가에 따라 믿음의 크기는 가늠할 수 있습니다. 믿는 만큼 견딜 수 있기 때문입니다. 그런데 아브람은 문제가 터지자마자 하나님께 묻지도 않고 애굽으로 내려갔습니다. 이것은 아브람의 믿음의 한계이자 하나님의 언약의 위기이기도 합니다.[*]

우리의 믿음은 어떤가? 평소에는 그렇게 뜨겁던 나의 믿음이 지금은 어떤가? 코로나 전에는 그렇게 예배를 잘 드리던 나의 믿음이 지금은 어떤가? 주일예배, 오후예배, 수요예배, 금요기도회, 새벽기도회까지 드리던 우리의 믿음이 지금은 어떠한가?

내가 정말 하나님 앞에 바로 서 있는지, 교회에 나가는 횟수가 줄었지만 정말 하나님을 사랑하고 있는지, 구역 모임에 잘 참석하지 못하지만 정말 이웃을 사랑하고 있는지 다시 돌아보아야 할 때이다. 그래서 나의 믿음의 한계를 발견했다면 포기하고 좌절할 것이 아니라 내 믿음의 폭과 깊이를 다시 넓혀가는 계기로 삼을 수 있어야겠다.

---

[*] 김남국, 『오, 아브라함』, 두란노, 2016년, 32-33쪽.

들리는 소리가 너무 많다

 우리는 하나님의 음성을 듣고 싶어 한다. 그리고 그 음성에 따라 살아가고 싶은 믿음의 고백들이 있다. 그래서 늘 흥얼거리며 산다. "주님 말씀하시면 내가 나아가리라. 주님 뜻이 아니면 내가 멈춰서리라" 그런데 하나님은 내 육신의 아버지처럼 참 입이 무거우시다. 아무래도 하나님도 경상도 출신이 아닐까, 하는 생각을 해 본다.

 그런데 가만히 생각해 보면 하나님의 음성이 안 들리는 게 아니라 다른 소리 때문에 하나님의 음성을 들을 수 없는지도 모르겠다. TV를 틀었는데 주변 소리 때문에 주인공의 대사를 들을 수 없었던 것처럼 볼륨을 높여 꼭 들어야 할 음성이 주변의 소리에 묻혀버릴 때가 있다.

 요즘은 귀에 이어폰을 안 끼고 다니는 사람이 거의 없다. 뭘 그리 열심히 듣고 있는 걸까? 우리 아들도 늘 귀에 하얀 이어폰을 끼고 있다. 그래서 밖에서 아무리 내가 밥 먹으라고 소리를 질러도 듣지 못한다. 오히려 문을 열면 당황한 듯 나를 바라본다. 그러면 나는 노크하지 않고 갑작스럽게 문을 연 예의없는 아빠가 된 듯하다.

 요즘은 회사도 열린 공간으로 변화되고 있다. 파티션은 사라지고 직급에 따라 달라졌던 자리도 차이가 없다. 같은 공간, 똑같은 자리에 앉아 일하고 있지만 오고 가는 말이 없다. 게다가 종종 이어폰을 사용하는 사람들은 말을 걸기 어렵다. '일에 집중하고 있으니 말 걸지 말아주세요.'라는 무언의 의미를 전달하고 있는 것처럼 보인다.

어쩌면 우리도 하나님의 음성을 듣고 싶다고 하면서도 하나님과 단절된 삶을 살아가고 있는지 모른다. 일에 집중해야 하고, 공부에 집중해야 하고, 자기계발에 집중해야 하기에 최소한의 시간만 하나님께 할애하며 수많은 소리로 귀를 막고 있다. 그래서 정작 내가 하고 싶은 말은 다 해놓고, 하나님의 음성에는 귀를 기울이지 않는다.

그러면서 다른 소리에만 귀를 기울이며 살아가고 있다. 육아전문가의 조언, 투자전문가의 조언, 언어전문가의 조언, 자기계발 전문가의 조언, 심리전문가의 조언, 건강전문가의 소리를 따라가느라 바쁘게 살아간다. 그리고 그 조언을 기준(캐논) 삼아 다른 사람에게도 어설픈 조언을 해 주고 있다.

결국 우리의 삶은 누구의 말을 많이 듣느냐에 따라 달라진다. 많이 들을수록 그것이 나를 만들어 간다. 어쩌면 우리는 다른 소리를 단절하고 하나님의 음성을 들을 수 있는 이어폰이 필요한 것은 아닌가 싶다.

> 광야는 '미드바르'이고, 말씀하셨다는 '다바르'이다. 이 두 단어가 비슷한 것을 알 수 있는데, 광야(미드바르)의 어원이 '입'(말하다)이라는 뜻을 가진 다바르이다. 광야와 입이 같은 어족이라니, 흥미롭지 않은가? 민수기 1장 1절에서 하나님이 어니에서 말씀하셨다고 했는가? 시내 광야이다. 광야는 하나님이 말씀하시는 장소이다.[*]

물리적 광야에 나갈 수 없는 우리는 스스로 광야의 자리를 만들어야 한다. 하나님의 음성만 들을 수 있는 시간, 하나님의 음성에만 집중할 수 있는 장소, 의

---

* 이진희, 『광야를 읽다』 두란노, 2015년, 69쪽.

지할 다른 것들은 다 꺼두고 오직 하나님만으로 채울 수 있는 나만의 광야가 필요하다.

나는 다시 교회가 그런 공간이 되어야 한다고 생각한다. 유비쿼터스의 시대, 집에서, 방에서, 침대에서 얼마든지 광야를 만들 수 있을 것 같지만 우리 주변에는 너무나 많은 유혹과 소리가 넘쳐나고 있다. 핸드폰을 아무리 멀리 두고 TV와 컴퓨터를 아무리 켜지 않아도 끊임없이 들려오는 다급한 소리에 반응하지 않을 수가 없다.

그래서 출근하며 퇴근하며 교회에 들려 핸드폰을 끄고 내 믿음이 잘 있는지 점검하며 하나님의 음성을 들어야 한다. 다른 소리를 단절하면 하나님의 말씀은 더 분명하게 들린다. 나를 통해 이루고자 하시는 하나님의 뜻을 더 선명하게 알 수 있다.

바빠서 못 보고 지나친 건 아닐까?

우리 집 주변에 꽃집이 이렇게 많은 줄 몰랐다. 내가 아이에게 줄 축하꽃을 사기 전까지는…. 나도 모르게 무심코 지나는 것들이 있다. 하루에도 몇 번씩 지나다니는 길이지만 못 본 가게들과 못 본 나무와 꽃들이 줄지어 서 있다.

왜 이리도 보지 못한 것일까? 너무 바쁘다. 봐야 할 것들이 너무 많다. 전화해야 할 상대가 너무 많다. 거기다가 생각할 것도 너무 많다. 천천히 걸으며 주변을 살펴볼 시간의 여유도 마음의 여유도 없다. 내가 아무리 바쁘게 달려도 안 된다는 걸 알면서도 뭔가를 안 하면 불안해진다. 그래서 오늘도 분주하게 움직이고 있다.

그러다 보니 정말 만나야 할 분, 발견해야 할 분, 동행해야 할 분을 그냥 지나친다. 항상 내 곁에서 나와 함께 계심에도 마치 나 혼자인 것처럼 앞만 보고 열심히 달리고만 있다. 그리고는 금세 지쳐 헉헉거리며 하나님께 원망의 탄식을 쏟아놓는다. '하나님 어디에 계십니까? 왜 나를 안 도와주십니까?'

그해 겨울, 나는 낙엽 진 나무를 보면서 조금만 있으면 잎이 새로 나고 꽃도 피고 열매도 맺힐 것이라고 생각했습니다. 이것을 통해 하나님의 능력과 섭리를 명확히 깨닫게 되었고, 이 깨달음은 그 이래로 내 영혼을 떠나지 않고 있습니다. 나를 사로잡았던 그날의 깨달음은 세상으로부터 나를 완전히 자유하게 했고, 내 안에 하나님을 향한 아주 뜨거운 사랑을 불붙였습니다. 그 사랑이 얼마나 뜨거웠던지, 그날 이후 40여 년간 이어진 사랑이 그때보다 더 뜨거워졌는지 알 수 없을 정도입니다.*

우리는 나뭇잎이 다 떨어진 나무에서도 하나님의 능력과 섭리를 만날 수 있다. 떨어지는 작은 물방울 하나에서도, 오늘도 허락해 주신 일용할 양식에서도, 스치듯 지나가는 바람에서도, 우연히 걸려 온 전화 한 통에서도 나와 함께 계시는 하나님을 경험할 수 있다.

오늘은 길을 건너기 위해 건널목 앞에 서 있는데 반대편에 걸린 현수막이 내 마음에 선명하게 들어온다. '속도를 줄이면 사람이 보입니다.' 저 현수막에서도 하나님의 마음을 읽게 된다. '너의 삶의 속도를 조금만 줄이면 네 옆에 있는 내가 보일 거야.' 오늘도 내 옆에 계신 하나님과 천천히 동행하는 하루가 되길 기도한다.

> 창세로부터 그의 보이지 아니하는 것들 곧 그의 영원하신 능력과 신성이 그가 만드신 만물에 분명히 보여 알려졌나니 그러므로 그들이 핑계하지 못할지니라
> _로마서 1장 20절

---

* 로렌스 형제, 프랑크 루박, 『하나님의 임재 연습 플러스』, 생명의말씀사, 2013년, 23-24쪽.

가만히 계심이 은혜입니다

　하나님! 저는 요즘 이렇게 힘들고 어려운데 뭐 하고 계시나요? 하나님! 저는 요즘 어디로 가야 할지를 모르겠는데 어디에 계시나요? 우리는 힘들고 어려운 시간이 지나가며 늘 하나님께 묻고 또 묻는다. 그리고 때론 대답 없는 하나님께 섭섭한 마음이 들 때도 있고, 더 이상 하나님을 찾지 않겠다고 협박할 때도 있다.

　그런데 토라진 마음으로 가만히 생각해 보면 '왜 평안하고 좋을 때는 하나님을 찾지 않았을까?' 하는 생각을 한다. 생활이 평안하고 행복할 때는 '왜 하나님께 뭐 하고 계시냐고 묻지 않았을까?', '모든 일이 잘 풀리고 하나님이 없이도 정말 잘 살아갈 수 있을 것같이 앞만 보고 달려갈 때는 왜 하나님께 어디에 계시느냐고 묻고 찾지 않았을까?'.

　하나님은 항상 우리를 찾고 계신다. 우리에게서 눈을 떼지 않으신다. 그런데 우리는 늘 다른 것을 바라보고 있고 다른 것을 향해 달려가고 있다. 그럴 때마다 하나님이 우리에게 섭섭해하시고, 우리를 나무라시고 징계하셨다면 어떻게 되어 있을까? 하나님은 우리가 찾지 않을 때도 조용히 우리와 함께 계셨다. 우리가 부르지 않을 때도 잠잠히 우리와 함께 계셨다. 가만히 지켜보시며 기다리고 계셨다. 그런데 우리는 이제 와서 하나님께 뭐 하고 계시느냐고 따지고 있다. 얼마나 당황스러우실까? 마치 지금까지 부모님의 사랑 안에서 잘 살아온 사춘기 아들이 부모에게 나한테 해 준 게 뭐가 있냐고 묻는 것 같다.

가만히 계심의 은혜

고통 중에 있을 때
기다림이 오래될 때
기도해도 변하는 게 없을 때
내가 더 잘 믿고 더 실력 있는데
다른 사람이 더 잘 될 때

하나님은 왜 가만히 계실까
왜 일하지 않으실까라는 의문이 든다.

가만히 계시지 않는다면 어떻게 될까?
죄지을 때마다 가만히 계시지 않는다면,
내 의로 누군가를 판단하고 미워할 때
가만히 계시지 않는다면,
어리석은 우리가 생선이 아닌 뱀을 구할 때
가만히 계시지 않는다면.

가만히 계심에 감사해야 한다.

…

사과가 가만히 익어가듯,
놀이터의 아이가 옆에서 가만히 서 있는
엄마에게 무한한 안정감을 갖게 되듯,

아버지가 둘째 아들이 돌아올 때까지

늘 그 자리에서 가만히 기다렸듯
가만히 계심은 또 다른 일하심이다.

용서하심으로, 인내하심으로,
먼저 갈 길을 예비하심으로
우리 눈에 보이지 않을 뿐 늘 일하신다.

가만히 계심으로
열심히 하심으로
늘 쉬지 않으신다.*

  가만히 계심의 사랑이 없었다면 우리는 오늘도 이렇게 살아갈 수 없다. 하나님의 참으심과 기다리심, 그리고 때때로 가만히 계심이 있었기에 우리는 오늘도 하나님의 사랑 안에 살아갈 수 있다. 내가 이렇게 힘든데도 왜 가만히 계시느냐고 따지기보다는, 이런 말도 안 되는 걸로 따지는 나를 보고도 여전히 가만히 계시는 하나님의 은혜를 기억하며 감사함으로 살아가는 하루가 되길 소원한다.

---

* 신재웅, 『쓰러진 길에 엎드려 하나님을 만났다』, 규장, 2021년, 30-32쪽.

무엇이 부끄러운가요?

 명절마다 가족들이 모이는 일이 어렵지 않았다. 그러나 코로나를 지낼 때는 온 가족이 모일 수 없었다. '올해 구정에는 다 모일 수 있겠지? 올해 추석에는 다 모일 수 있겠지?'라는 기대로 시간을 보냈었다. 그런데 신기한 것은 보지 않으니 가족 간의 갈등은 도리어 줄어들었다. 보기 싫었던 친척들의 얼굴을 보지 않아도 되고, 대답하고 싶지 않은 무례한 질문에 억지로 웃으며 대답하지 않아도 되어서 그런지 더 편한 명절을 보냈다.

 사람들은 왜 가족이라는 이름으로 무례한 질문을 편하게 하는 걸까? 왜 관심이라는 이름으로 모른 척해주면 좋을 일을 굳이 알려고 하는 걸까? "어느 대학에 갈 거니? 어느 회사 다니니? 사업은 잘되고 있니? 이번에 집은 장만했니?" 다른 사람에게는 쉽게 묻지 않을 질문들이 가족이란 이름으로 묶여 질문으로 돌아온다.

 그런데 이 질문에 반응하는 우리의 모습도 참 재미있다. 불편한 질문은 맞는데 당황하고 부끄러워 억지웃음으로 얼버무리며 지나가려 한다.

 형제보다 못한 학교에 가야 하는 내가 부끄럽고, 사촌보다 못한 실력을 갖춘 내가 부끄럽다. 사업이 잘돼서 요즘 잘나가는 친척 형님보다 못한 나의 모습, 진급도 못 하고 오르지 않는 월급을 받으며 살아가는 내가 부끄럽고, 좋은 회사에 들어가지 못하고 올해도 취업 준비하고 있는 자녀가 부끄럽다. 여전히 전세 살고 있는 내가 부끄럽고, 10년째 덜덜거리는 차를 타고 부모님 댁에 온 내가 부끄럽다.

그러다 보니 모든 말과 질문이 나를 찌르는 비수로 들리고, 비아냥으로 느껴지며, 자기 자랑을 위한 전제로 말하고 있는 듯하다. 괜히 가족 모임에 왔다는 생각을 지우지 못한 채 행복이 아닌 답답함으로 마음을 채우고 집으로 돌아간다.

그런데 우리가 정말 부끄러워해야 할 것이 무엇일까? 하나님 나라를 바라보며 살고 있다는 내가 정말 부끄러워해야 할 것은 무엇일까? 예수님을 따라 살아가고 있다는 내가 정말 부끄러워해야 할 것은 무엇일까? 예수님 한 분만으로 당당하지 못했던 나 자신을 부끄러워해야 하지 않을까? 이번 가족 모임에도 하나님의 말씀만으로 만족하며 자족하지 못한 내가 부끄러워야 하지 않을까? 어쩌면 하나님의 말씀대로 더 나누고 베풀지 못한 삶이 부끄럽고, 어려운 상황을 핑계 삼아 제대로 가족을 사랑하지 못한 나를 부끄러워해야 하지 않을까?

오늘따라 몇 년 전 부흥회 때 주승중 목사님께서 전해주고 가신 할아버지 주기철 목사님의 외침이 잠든 내 믿음을 흔들어 깨운다. "이다음 내 무슨 낯으로 주님을 대하오리까?" 정말 부끄러운 순간이 오기 전에, 오늘 하루도 주님 앞에서 부끄럽지 않은 나의 삶이 되도록 믿음을 점검해야 한다.

고맙게도 계속되는 위기는 우리를 쓰러뜨리기 위한 악역을 감당해 주고 있다. 단지 서서히 물들어 가며 똑같은 모습이 되든, 아니면 하나씩 이겨나가든 빛나는 주인공이 되든 그 선택은 내가 해야 한다.

2
—

매일 물어야 하는 말
믿음아, 안녕?

이런 작은 일 정도면 괜찮지 않을까요?

 딸과 함께 한 달 다이어트를 성공적으로 마쳤다. 아빠와 딸이 한 달 동안 5kg이나 감량했다. 덕분에 자신감도 생겼다. 이대로 계속해 나간다면 더 예쁘고 건강한 몸이 될 것만 같았다. 그런데 한 달이 조금 지난 어젯밤 맥***에서 치킨을 먹고 들어온 딸이 체중계에 올라가 놀라 비명을 지른다. '이 정도는 괜찮지 않을까?'라는 생각으로 먹은 야식이 다시 제자리에 가 있게 만들었다.

 사람이 넘어지는 것은 큰 산 때문이 아니라 발에 걸리는 작은 돌부리 때문이다. 사람은 큰 위기와 유혹 앞에서는 강하고 담대할 때가 많다. 너무 위험한 상황이라 정신을 바짝 차리지 않을 수 없다. 발 한번 잘못 디디면 그대로 넘어질 수밖에 없기에 긴장하며 그 위험한 순간을 지나가게 된다.

 문제는 그 위험한 순간을 지나가고 나서이다. 큰 위기를 잘 넘겨 한없는 자신감으로 충만할 때, 모든 것이 평안하고 안전해서 긴장하지 않아도 될 때, 큰 유혹을 이겨내고 더 이상 못 이겨낼 시험이 없을 것만 같을 때, 이 정도는 괜찮을 것 같은 생각에 넘어진다.

 <주님은 나의 최고봉>에서 오스왈드 챔버스(Oswald Chambers) 목사님은 작은 유혹에 넘어져 비참한 최후를 맞이한 다윗의 군대장관 요압의 이야기를 우리

에게 해 주고 있다.

작은 일에도 깨어 있으십시오!
유혹이 어디에서 올 것이라고 예상하지 마십시오.

위험은 전혀 예상치 않는 곳에 있습니다. 커다란 영적인 사건을 치른 후에는 '방치된 사소한 유혹들'이 드러나기 시작합니다. 눈에 크게 띄지는 않지만 그것들이 항상 그 자리에 있다는 사실을 기억하십시오. 만일 당신이 경계하지 않는다면 그 작은 것들이 당신을 넘어뜨릴 것입니다. *

문제가 사라졌다고 회복된 것은 아니다. 믿음의 발걸음을 멈추려고 하는 시도는 계속된다. 우리가 하나님의 앞에 서기 전까지 우리를 넘어뜨리려고 하는 유혹은 계속될 것이다. 눈에 보이는 큰 위기는 단계적으로 대처하고 이겨나갈 수 있겠지만 눈에 보이지 않는 작은 돌부리들은 우리의 발 앞에 계속 놓여있을 것이다.

그렇다면 오늘도 우리는 방치된 사소한 유혹들에 넘어지지 않도록 눈을 크게 뜨고 작은 돌부리를 피해 믿음의 길을 걸어가야 한다. 그리고 나의 눈으로 볼 수 없는 시험에 빠지지 않기를 기도하며, 주님의 손을 붙잡고 한 걸음 한 걸음 조심스레 믿음의 길을 끝까지 걸어가야 한다.

---

* 오스왈드 챔버스, 『주님은 나의 최고봉』 스데반 황 역. 토기장이. 2015년. 4월19일.

마음은 원이로되 육신이 약하구나!

 정말 마음에는 원(願)인데 육신이 약해서 못 하는 일들이 너무나 많다. 좋은 성적을 받는 일, 더 좋은 성과는 내는 일, 더 최선을 다해 사는 일, 정말 마음에는 원인데 오늘도 실패하는 나를 보며 실망스럽다.

 하지만 이런 나를 보며 겟세마네 동산에서 제자들을 향해 말씀하셨던 예수님의 모습을 생각해 본다. '마음에는 원이로되 육신이 약하도다.' 그리고 나의 약함을 아시는 예수님의 말씀에 위안을 얻으며 나를 안아준다.

 그런데 어느새 이 말씀이 나에게 변명이 되고 있다. 코로나로 예배를 잘 드리지 못해도 '마음에는 원이로되 육신이 약하도다.' 게으름으로 인해 기도를 잘 드리지 못해도, 무기력 덕분에 찬양을 잘 드리지 못하고, 세상 즐거움으로 인해 말씀을 읽고 묵상하지 못해도 이 말씀으로 자신을 위로한다. '마음에는 원이로되 육신이 약하도다.'

 정말 예수님이 이 말씀을 우리에게 스스로 위안 삼으라고 주신 말씀일까? 그렇지 않다. 예수님께서 겟세마네 동산에서 잠들어 있는 제자들에게 이 말씀을 주신 것은 우리의 육신이 약함을 인정하고 계속 잠들어 있으라고 위로해 주신 것이 아니라 다시 깨어나라고 외치신 알람과도 같은 말씀이다. 하지만 자기합리

화의 달인인 우리는 이 말씀까지도 나를 위로하는 데 사용하고 있다.

> '마음에는 원이로되 육신이 약하도다'라는 말씀은 기도하지 않는 성도가 흔히 핑계하기 위해 사용하는 말씀입니다. 마음은 기도하고 싶지만 육신이 약해서 기도하지 못하는 것을 예수님도 인정해 주셨다는 것입니다. 그러나 이 말씀의 진정한 의미는 우리가 육신에 대해서는 약하다는 것입니다.[*]

아담 이후 핑계가 삶이 되어 버린 우리는 오늘도 이런저런 합리화로 마음의 평안은 누리고 있지만 믿음의 성장은 멈춰 버렸다. 예수님을 끝까지 따르겠다고 큰소리쳤던 베드로와 제자들은 모두 예수님을 버리고 도망갔다.

우리끼리 '마음에는 원이로되 육신이 약하도다'라는 핑계는 얼마든지 통용될 수 있다. 믿음의 모험을 하고 싶지 않은 우리 모두에게 평안을 가져다주는 달콤한 말씀이 되기도 한다. 하지만 예수님 곁에서 잠들어 있는 제자들처럼 우리도 머물러 있을 수만은 없다.

내 육신의 연약함을 아는 일은 매우 중요하다. 하지만 그것이 핑계가 되어 계속 연약한 가운데 살아갈 것인가? 아니면 예수님처럼 '내 원대로 마시옵고 아버지의 원대로 하옵소서'라고 기도하며 나의 연약함을 깨뜨리고 일어날 것인가? 이는 내가 믿음으로 결단해야 할 부분이다.

늘 그랬듯이 믿음의 불을 끌 수 있는 이유와 핑계는 오늘도 세상에 넘쳐나고 있다. 하지만 예수님이 고난의 십자가 앞에서 '내 원대로 마옵시고 아버지의 원대로 하옵소서'라고 기도하며 육신의 약함을 이겨내고 아버지의 뜻을 이루어 낸 것처럼 우리도 믿음의 길을 걸어가야 할 때이다.

---

* 유기성, 『예수님의 사람 2』 위드지저스, 2020년, 51쪽.

주인공 옆에는 언제나 악역이 있다

 우리나라 동화뿐만 아니라 세계 모든 이야기에는 항상 주인공 옆에 악역이 있다. 그런데 이 공식은 아이들의 동화뿐만 아니라 어른들의 영화에서도 마찬가지이다. 슈퍼맨, 베트맨, 스파이더맨, 넷플릭스에서 1위를 했던 <오징어 게임>에도 주인공 옆에는 언제나 악역이 있었다.

 얼마 전 읽은 <넘어진 자리마다 꽃이 피더라>라는 책에서는 이 부분을 동화책으로 이야기하고 있다. 성냥팔이, 신데렐라, 콩쥐 팥쥐 이야기, 모두 주인공 옆에는 악역이 있다는 것이다. 지금까지의 동화책은 이 구도를 통해 권선징악을 이야기했다. 결국 선이 악을 이긴다는 것을 우리에게 가르쳐 주었고, 우리도 끝까지 선으로 싸우다 보면 결국 승리한다고 읽어왔다.

 그런데 성경에서도 똑같이 말하고 있다. 선을 행하다가 낙심하지 말라고 한다. 선으로 악을 이기라고 말씀하고 있다. 우리로 하여금 끝까지 예수 그리스도를 붙들고 견디며 나아가라 한다. 그런데 우리의 삶에는 악역 외에도 주인공을 드러나게 해 주고, 빛나게 해 주는 역할이 있다.

 <오징어 게임>에 주인공으로 등장하는 기훈이는 처음부터 선한 사람이 아니었다. 도박으로 돈을 탕진하는 철없는 아들이었고, 게임이 진행되는 과정에서도

계속 갈등하며 속이는 흔들리는 주인공이었다. 하지만 게임이 진행될수록 점점 악해져 가는 조상우를 통해 기훈의 선함이 더 빛나고 있다.

 평상시 우리의 믿음도 그렇게 굳건하거나 흔들림 없는 믿음이 아니다. 요즘 날씨처럼 좋았다 나빴다 하고 비가 왔다 개었다 한다. 은혜로운 설교를 듣고 나면 나도 은혜로 충만한 듯 착각했다가 기분이 우울한 어느 날은 믿음이 하나도 없는 것 같이 느껴지기도 한다.

 숨으려면 얼마든지 숨을 수 있는 상황, 주저앉으려면 조용히 주저앉을 수 있는 상황을 통해 지금까지 내가 이 정도면 괜찮다고 생각하며 살아온 나의 믿음의 현주소를 정확하게 보게 되었다. 주인공은 빛나게 하고, 조연들은 상황에 휩쓸려 서서히 변해간다.

 장기불황의 상황이 앞으로 언제까지 이어질지 아무도 모른다. 하지만 긴 터널의 끝을 통과한 어느 날, 주인공의 믿음은 더욱 빛나고 있을 것이고, 어두움에 주저앉은 사람들은 모두 똑같이 어쩔 수 없는 상황이었다고 이유를 둘러대며 터널을 빠져나올 것이다.

 고맙게도 위기는 우리를 쓰러뜨리기 위한 악역을 감당해 주고 있다. 주인공 옆에 언제나 악역이 당연히 있다는 것을 알고 있다면 내가 할 수 있는 선택이 있다. 서서히 물들어 가며 똑같은 모습이 되든, 아니면 하나씩 이겨나가며 빛나는 주인공이 되든 그 선택은 내가 해야 한다. 매일 고되고 힘들지만 믿음으로 이기며 마지막 순간 빛나는 믿음의 주인공으로 설 수 있기를 기대하며 살아가자.

나에겐 시간이 필요했는지도

코로나19의 시간이 길어지면서 마음이 많이 지쳤었다. 처음에는 하나님의 선하신 뜻임을 믿으며 나의 삶을 조용히 돌아보고 무수히 얽혀있는 복잡한 관계들을 정리하는 시간으로 삼았었다. 그리고 그러한 과정에서 감사하기도 했다.

하지만 코로나 3년 차가 되었을 즈음에는 선하신 하나님에 대한 믿음이 조금씩 흔들렸던 것도 사실이다. 도대체 언제 끝나는 걸까? 모두가 이렇게 힘들어하고 있는데 얼마나 더 기다려야 하는 걸까? 예배가 회복되어야 하는데 언제쯤 마음껏 찬양을 드릴 수 있을까?

그런데 하나님이 이런 마음을 모르실 리 전혀 없다. 이런 간절함을 못 알아들으실 리 없다. 우리의 필요를 아시는 하나님, 우리의 작은 신음에도 응답하시는 하나님은 이미 알고 계시고 듣고 계신다. 단지 시간이 조금 더 필요했던 것일지도 모른다.

하나님은 이미 오래 전부터 내게 가장 좋은 선물을 준비하셨을 거예요. 그런데 내가 그 선물을 받고 이게 뭐에요! 하나님 미워! 할 수도 있잖아요. 그러니까 시간이 필요했던 거였어요. 내가 감사하며 눈물로 그 선물을 기쁘게 받을 수 있도록 준비시킬 시간 말이에요.*

  지금까지 매주 드릴 수 있는 예배가 선물인 줄 모르고, '예배가 이게 뭐예요?' 불평했던 우리다. 지금까지 매일 만나 수다 떨 수 있는 친구가 선물인 줄 몰라서 '쟤는 말이 너무 많아' 불평했던 우리다. 지금까지 매년 찾아뵙고 모이던 가족 친지들이 얼마나 소중한 선물인지 몰라서 '올해도 가야 해?' 물었던 우리다. 지금까지 하루하루 주어지는 평범한 일상이 얼마나 소중한 선물인지 몰라서 지겨워만 하던 우리다.

  그래서 하나님은 다시 준비하라며 시간을 주셨다. 우리가 감사하며 눈물로 그 선물을 기쁘게 받을 수 있도록 준비시키고 계신다. 우리에게 허락해 주신 이 모든 것들이 얼마나 소중한 선물인지 알도록 오늘도 기다리고 계신다. 그 선하신 하나님을 믿고 오늘도 경험하게 되는 작은 선물 하나하나에 감동하고 감사하는 연습을 해 보면 좋겠다.

---

* 구자가, 『하나님, 듣고 계시죠?』 두란노, 2020년, 182-183쪽.

예의 없는 사랑은 폭력이다

 우리는 생각하기를 사랑이 뜨겁기만 하면 된다고 생각한다. 그래서 내가 한 모든 행동을 사랑해서 한 일이라고 자신 있게 말하며, 그 어떤 행동도 다 이해받을 수 있으리라 믿는다.

 자녀를 사랑할 때도 자녀의 입장은 생각하지 않고 다 널 사랑해서 그런 거라고 말한다. 연인을 사랑할 때도, 교회를 사랑할 때도 상대의 입장은 조금도 고려하지 않고 내 방식대로 사랑하면서 거의 폭력에 가까운 일방적 사랑을 하는 우리의 모습을 본다.

 그런데 정말 사랑하는 마음만 있으면 모든 것이 용서되는 걸까? 데이트 폭력은 사랑이라는 이름으로 행해진다. 널 사랑해서 감시하는 것이고, 널 사랑해서 막는 것이고, 널 사랑해서 화내는 것이라고 착각하면서 말이다.

 하지만 사랑은 상대방의 입장과 상황을 먼저 생각해 주고 배려해 주는 것이어야 한다. 그리고 그 사랑의 마음이 예의라는 포장지에 잘 담겨야지만, 나만 좋은 선물이 아니라 상대도 기뻐하며 받아줄 수 있는 진정한 선물이 된다.

 어쩌면 우리는 지금까지 하나님을 사랑한다고 하면서도 내 방식대로, 내 마음대로 사랑하는 폭력적 사랑을 하고 있었는지 모른다. 내가 원하는 것을 들어주셔야 하는 하나님, 내가 바라는 대로 다 이루어 주셔야 하는 하나님, 내가 기도하는 대로 다 응답해 주셔야 하는 하나님. 어쩌면 우리에게 하나님은 인생의 주인이며 주관자가 아니라 나의 바람을 들어주고 돕는 조력자일지 모른다.

우리는 하나님을 사랑한다는 명분과 하나님이 나를 사랑한다는 이유로 하나님을 내 마음대로 하려고 했고, 이에 응답해 주지 않는 하나님에 대해 실망하며 살았다. 그래서 하나님에 대한 우리의 무례함과 폭력은 이미 도를 넘었었는지도 모르겠다. 우리의 힘으로 모든 것을 할 수 있다는 무례함, 하나님께 이렇게 해 달라 저렇게 해 달라며 일방적 의견만 내세우는 우리에게 하나님은 우리가 할 수 없는 무력한 시간들을 통해 말씀하신다.

'내가 주인이 아니었구나, 내가 주관자가 아니었구나, 우리의 힘으로 할 수 있는 것이 아무것도 없구나'를 알게 되는 것. 하나님께서 허락해 주시지 않으면 아무것도 안 된다는 것을 다시 깨닫게 되는 시간이다.

그동안 하나님을 뜨겁게 사랑하는 일에 집중했다면 이제는 주인 되신 하나님을 예의 있게 사랑하는 법을 배워야 할 시간이다. 주인 되신 하나님의 손을 바라보며, 하나님의 뜻에 따라 순종하며 살아가는 예의 있는 믿음을 갖추어야 할 시간이다.

신앙이 자라면 우리가 갖추어야 할 믿음의 자세가 생긴다. 예전에 사랑이라는 이름으로 하나님께 무례하게 대하던 믿음을 내려놓고, 하나님을 주인으로 인정하고 겸손히 고개 숙인 한 피조물로서의 믿음, 그 믿음의 태도를 배워야 할 때이다.

수족관 안의 물고기처럼

 횟집에서 식사 약속이 있었다. 식당에 도착해서 안으로 들어가려고 하는데 횟집 앞에 있는 수족관이 눈에 들어왔다. 그 안에 있는 물고기들은 참 평안해 보였다. 거친 파도가 치는 것도 아니고 추웠다 더웠다 온도가 변하는 것도 아닌 그저 주어진 환경이 좋아 보였다. 게다가 주인이 깨끗하게 수족관도 청소해 주니 물고기들은 좋겠다는 생각이 들었다. 하지만 그들이 모르는 한 가지가 더 있다. 조금 있으면 누군가의 식탁 위에 올려져야 한다는 사실 말이다.

 코로나를 보내면서 3년간 모든 것이 멈췄었다. 교회는 마치 수족관처럼 보였다. 출입을 통제하고 있으니 안전해 보이고, 온라인으로 예배드리고 있으니 걱정할 것도 없었다. 수시로 소독하고 검사하고 철저히 거리두기를 하니, 이웃들에게도 잘하고 있다는 칭찬을 들었다.

 하지만 그때부터 편안함 가운데 생명력을 잃었는지 모른다. 교회는 이미 수족관 안에 물고기와 같았다. 그래서 하나님께서 수족관 안의 물고기와 같은 우리에게 큰 파도를 주셨는지도 모른다. 오래전부터 서서히 편안함에 익숙해져서 생명력을 잃어가고 있는 우리에게 대형 파도를 허락하셔서 수족관을 나와 다시 그 물살을 거슬러 올라가도록 힘을 길러주고 계시는지도 모른다. 그런데 이미 수족관 안에 익숙해져 버린 우리는 도리어 파도를 핑계 삼아 더 수족관 안에 머물고 싶어 한다. 머리 위에 뿌려주는 먹이만 기뻐하면 내가 어디를 가고 있는지 잊어버리게 된다.

 안전한 곳이 아닌 부르신 곳을 향해 다시 헤엄치는 게 필요하다. 편안한 곳이 아닌 보내신 곳을 향해 다시 나아가야 한다. 그렇게 파도를 거슬러 헤엄쳐 나가기 시작할 때 교회는 다시 믿음의 생명력으로 가득 차게 될 것이다.

거절의 용기가 필요하다

 믿음의 사람으로 살아간다는 것이 무엇일까? 우리는 착한 그리스도인을 꿈꾸며 살아간다. 누군가에게 싫은 소리 한마디도 제대로 못 하고 살아가는 착한 그리스도인, 조금 더 힘든 게 낫다며 고생하는 일도 마다하지 않는 착한 그리스도인, 누군가의 부탁 하나 제대로 거절하지 못하는 착한 그리스도인 말이다.

 그런데 그것이 정말 하나님이 원하시는 그리스도인의 모습일까? 때로 바른 그리스도인과 착한 그리스도인을 혼동할 때가 많이 있다. 바른 그리스도인으로 살아가다 보면 함께 어울리지 못하고 단호하게 거절해야 하는 경우가 있다. 하나님이 각자에게 주신 시간은 한정되어 있다가 보니 바른 신앙생활을 하기 위해서 거절은 필수적일 수밖에 없다.

 그런데 그리스도인으로서 거절한다는 것이 단연코 쉽지 않다. 사람들의 시선은 마치 당신이 그러고도 그리스도인이냐는 눈빛을 보낸다. 그래서 거절하지 못한 채 이리저리 사람들이 바라는 대로 휩쓸려 다니고 있는 모습을 종종 보게 된다.

 거절하지 못해 힘들어하는 모습은 그리스도인들만의 문제가 아니다. 조직과 연대에 익숙한 기성세대의 문화 속에 적응하려면 피곤하다. 개인 생활을 중시하는 세대는 거절하는데 상당한 에너지를 쓰며 힘들어 한다.

그래도 어쩔 것인가! 나에게 부탁한 이상 거절할 수만은 없으니 말이다. 분명히 나는 그 직원보다 나의 아이가 더 소중하다. 하지만 그 직원 때문에 우리 부서 전체가 쑥대밭이 되는 게 걱정되었다. 결국 손해를 감당해야 하는 건 나 자신이었다. 언니에게 미안했고 아이에게는 더더욱 미안했다. 다음에 이런 상황이 또 발생한다면 나는 어떤 선택을 하게 될까?[*]

결국 우리는 착한 그리스도인이 아니라 바른 그리스도인이 되기 위해 부드러운 거절법을 배워야 한다. 무조건 부탁을 들어주는 것만이 믿음을 보여주는 것이 아니라 적당하고 부드러운 거절을 통해 나의 믿음을 잘 지켜나가는 것이 바른 그리스도인이 되는 길임을 기억하고 계속 연습해 나가야 한다.

처음에는 어렵다. 특히 관계중심 사회인 우리나라 문화에서는 너무 힘든 일이다. 하지만 결국 나의 믿음을 끝까지 잘 지켜나가는 것이 하나님과 그 사람에게도 유익한 일임을 기억하며 거절하는 법을 실천해야 한다.

그렇게 부드러운 거절을 통해 그 사람을 위한 기도 시간을 지키고, 하나님을 향한 예배 시간을 지키고, 나 자신을 위한 말씀 시간을 지켜나갈 때 우리의 믿음과 사랑은 흔들리지 않을 수 있다. 그리고 그 사랑을 통해 내가 거절한 사람까지도 믿음의 길로 인도할 수 있다.

---

* 김미애, 『행복한 개인주의자로 사는 방법』, 미다스북스, 2021년, 54-56쪽.

풀인가 꽃인가?

 사람은 어떤 사물이나 사실을 바라볼 때 자신의 시각에서 바라본다. 그래서 사실 그 자체도 중요하지만, 그것을 바라보는 시각이 더욱 중요하다. 같은 별을 바라보면서도 누군가는 별자리를 생각하고, 누군가는 거리를 생각하며, 누군가는 꿈을 생각하고, 누군가는 시를 생각한다. 같은 눈(snow)을 바라보면서도 누군가는 화이트 크리스마스를 기뻐하고, 누군가는 이걸 다 치워야 한다는 생각에 슬퍼한다.

 그래서 우리에게 있어서 중요한 것은 나에게 어떤 일이 일어나느냐보다 내가 어떤 눈을 가지고 있느냐이다. 만약 내가 믿음의 눈을 가지고 있다면 지금 우리에게 일어나고 있는 이 모든 일을 하나님의 관점에서 조금 더 넓고 깊게 볼 수 있다. 그런데 우리는 점점 나의 관점에서 모든 일을 보고 해석해 나가고 있다.

 어려운 일을 겪으면 시각은 점점 좁아진다. 다른 것을 보지 못하도록 단절되고 차단하면서 시각은 점점 나 중심적으로 좁아지게 된다. 좁아지면 내가 볼 수 있는 영역이 줄어든다. 이것을 긍정 심리학의 창시자인 마틴 셀리그만(Martin Seligman) 박사는 설명양식이라고 했다.

 설명양식은 어른들의 삶에 매우 큰 영향을 미친다. 어떤 설명양식을 갖고 있느냐에 따라 날마다 겪는 사소한 실패 때문에 우울증이 생길 수도 있고, 비극적인 상황을 건강하게 이겨낼 수도 있다. 삶의 기쁨에 무감각해지거나 반대로 그 기쁨을 완벽하게 누리고 살 수도 있으며, 목표를 성취하는 것에 방해가 될 수도 있고 목표를 초과 달성하도록 도울 수도 있다.[*]

결국 우리가 믿음의 눈으로 바라볼 때는 이 모든 일이 하나님의 섭리 안에서 이루어 가시는 놀라운 손길임을 바라볼 수 있어야 하는데, 믿음의 시각이 점점 좁아지게 되면 나에게 닥친 심판과 재앙이 고난으로 보일 수밖에 없다. 그래서 믿음의 눈을 크게 떠야 한다. 다시 믿음의 불을 밝혀야 한다. 그래야 우리는 지금 일어나고 있는 모든 일을 믿음으로 바라보고 해석해 나갈 수 있다.

얼마 전 유기성목사님의 <예수와 하나가 되라>라는 책을 읽다가 눈에 들어온 한 문장이 있다.

> 베려고 생각하면 풀이 아닌 것이 없고, 품으려고 생각하면 꽃이 아닌 것이 없다.^{**}

믿음의 눈으로 보면 이 모든 일은 우리를 위해 베풀어 주신 하나님의 놀라운 은혜임을 고백할 수밖에 없다.

---

[*] 마틴 셀리그만. 『낙관성 학습』 물푸레. 2012년. 215쪽.

[**] 유기성. 『예수와 하나가 되라』 규장. 2017년. 52쪽.

살기 위한 최소한의 운동

 아버지가 돌아가시기 전 몇 년 동안 투병 생활을 하셨다. 키 180cm에 몸무게가 100kg 되시는 아버지가 아플 거라고는 단 한 번도 생각해 본 적이 없다. 어린 시절부터 봐왔던 아버지는 먹는 대로 다 소화가 되고 몸이 아프셔서 병원에 간 적이 없었다. 그런데 그런 아버지가 한번 무너지기 시작하니까 순식간이었다. 처음에는 대장암이었다. 이어서 만성신부전증이었다. 그래도 타고난 건강으로 잘 극복해 내시던 아버지가 더 이상 일어나지 못한 것은 3개월간의 입원 생활 이후였다.

 입원해 있으면서 활동이 적이지다 보니 걷는 거리가 점점 짧아지기 시작했다. 어머니의 부축을 받아 병원 복도를 걷는 것도 한계가 있었다. 결국 아버지는 걷는 것을 포기하셨고, 다리의 근육은 점점 더 빠지기 시작했다. 이후 몸은 급속도로 빠르게 약해지기 시작했다. 그리고 얼마 후, 병상에서 아예 일어나지 못하셨다.

 목회하며 많은 어르신을 방문하게 된다. 그런데 어르신 대부분이 병원에 장기간 입원하거나 요양원에 들어가시고 나면 다시 걸어서 나오는 경우를 거의 본 적이 없다. 병원 생활은 편리하다. 침대까지 가져다주는 밥을 먹고, 온종일 가만히 누워있기만 하면 된다. 하지만, 그 사이 다리의 근육은 다 빠지고, 결국 다시는 일어나 걷지 못하게 된다.

우리도 마찬가지다. 가만히 앉아 있어서 우리의 다리 근육이 서서히 빠져버렸는지 모른다. 점차 일어서는 게 힘들어지고, 교회까지 가는 것이 어려워지며, 누군가의 도움을 받지 않으면 교회까지 오는 것이 어려워진다. 코로나 이후 많은 성도님이 집에서도 예배를 잘 드리고 있다고 말은 하지만 정말 믿음으로 일어나는 것, 믿음으로 걷는 것, 믿음으로 달리는 것이 가능할까 심히 걱정이 된다.

지금부터라도 다시 믿음으로 살기 위한 최소한의 운동을 시작하면 좋겠다. 운동은 조금 숨이 찰 때까지, 조금 땀이 날 때까지, 조금 힘이 들 때까지 하는 것이 운동이다. 다시 근육이 조금 붙을 때까지는 평소보다 교회에 한 번 더 가고, 평소보다 교우들과 한 번 더 통화하고, 평소보다 예배에 한 번 더 참석해야 한다.

그렇게 다시 믿음의 움직임을 시작할 때 우리는 지난 3년 동안 앉아 있던 그 자리에서 다시 일어나 하나님 나라를 향해 한 걸음씩 힘차게 걸어갈 수 있다.

나의 믿음은 작지만 크신 하나님을 믿는다

 우리의 믿음은 너무도 작다. 작은 파도에도 흔들리고, 어려움이 찾아올 모양만 보여도 불평과 원망이 먼저 쏟아진다. 성경을 읽으며 늘 흔들리는 믿음의 사람들을 보며 비웃고 있지만 사실 나는 그보다도 못하다는 것을 너무도 잘 알고 있다.

 나의 믿음은 어떠한가! 선하신 하나님을 믿지 못해 불안하며, 전능하신 하나님을 믿지 못해 참고 기다리지 못할 때가 많다. 오늘도 일하시는 하나님을 믿지 못해 조급해하며, 아버지 되시는 하나님을 믿지 못해 오늘도 나 홀로 살길을 찾아 헤매다니느라 분주하다.

 하나님은 오늘도 이 모든 일을 통해 세상을 다스리고 계시고 운행하고 계신다. 세상 만물을 만지고 계시고, 그 가운데 우리도 만지고 계신다. 우리로 하여금 일상이 얼마나 소중한 것인지를 알게 하셨고, 그동안 감사하지 못하며 살아온 우리로 하여금 회개하게 하셨다. 우리의 교만함이 얼마나 컸는지를 알게 하셨고, 하나님 앞에 겸손할 수밖에 없도록 이끄신다.

 우리는 겸손해져야 한다. 내가 큰 능력이 있고, 대단한 믿음이 있는 것처럼 큰

소리칠 것이 아니라 겸손히 하나님께 '우리의 믿음을 더하소서' 하며 작은 믿음을 구하는 기도를 드려야 한다. 그리고 크신 하나님에 대한 믿음으로 잠잠히 감사하며, 하루하루를 살아갈 때 하나님의 때에 하나님의 방법으로 우리를 인도해 가실 것이다.

> 하나님이 우리에게 우선적으로 요구하시는 것은 대단한 믿음이 아니다. 제자들이 예수님께 '우리에게 믿음을 더하소서'(눅 17:5)라고 말했을 때, 예수님은 그들에게 필요한 모든 것이 겨자씨만한 믿음이라고 대답하셨다. 우리에게 필요한 것은 큰 믿음이 아니라 크신 하나님에 대한 믿음이다.*

오늘도 나의 믿음 없음을 정직히 고백하고 크신 하나님을 온전히 붙들고 나아가는 하루가 되길 바란다.

---

* 톰 라이트, 『작은 믿음 크신 하나님』, 두란노, 2011년, 41쪽.

믿음이 잘 크고 있는지, 속도가 적당한지, 건강하게 잘 자라고 있는지를 계속 점검해 보기 위해서는 공동체가 필요하다. 우리는 '홀로'와 '더불어'가 같이 있어야 한다.

3
―

힘들 때 서로 물어야 하는 말
믿음아, 안녕?

홀로 성장하는 시대는 끝났다

 과거에는 사람들로부터 인정받고 주목받던 인재의 기준이 성적, 학교, 스펙이었다. 그래서 많은 학생이 좋은 성적을 거두고, 괜찮은 학교에 들어가고, 몇몇 언어능력과 자격증을 가지려고 노력했다. 그리고 이것을 갖춘 리더들이 세계 주요 회사들을 이끌었다.

 하지만 이제는 홀로 성장하는 시대는 끝났다. 개인의 능력을 대신할 수많은 기기와 기술이 발전했기 때문이다. 사람들이 들고 다니는 스마트폰에는 웬만한 지식과 정보가 탑재되어 있고, 사람의 머리로 해 왔던 일들을 기계가 대신 감당하고 있다. 그래서 개인의 능력이 아니라 공동체 안에서 발휘하는 역량이 더욱 중요해졌다.

 지금 우리는 급격한 기술의 변화 가운데에 서 있다. 하지만 스마트한 기계는 아무런 스토리가 없다. 그래서 감동도 없다. 따라서 스마트한 기계와의 전쟁에서 이길 수 있는 가장 강력한 무기는 바로 나 자신이 만들어가는 고유한 스토리. 편안한 환경에서 살아온 사람의 스토리는 평탄하고 부드러웠다. 반대로 힘든 환경에서 살아온 사람의 스토리는 투박하지만 마음을 울리는 감동이 있었다. 그러니 내가 처한 환경에 불평하기보다는 내가 오늘 만들어가는 스토리에 집중했으면 좋겠다. 다만, 내 스토리와 멋진 하모니를 이루어 줄 다른 사람들의 스토리에도 귀를 기울이자. 이제 홀로 성장하는 시대는 끝났다.*

아무리 큰 회사라도 혼자서 성장할 수 없고, 아무리 뛰어난 인재도 모든 일을 다 해낼 수는 없다. 결국 커뮤니티 리더십, 공동체 리더십이 자신의 성장뿐만 아니라 공동체의 성장에서도 가장 큰 영향을 미친다.

믿음도 마찬가지이다. 지금까지 믿음은 개인적인 영역이었다. 매일 말씀을 읽고, 기도하고, 예배를 드리는 헌신이 개인적 믿음의 성장을 이끌어 왔고, 지금도 이러한 요소들은 신앙 성장에 있어서 매우 중요한 부분임에 틀림이 없다. 하지만 이렇게 신앙생활하면 개인의 성장에 한계를 불러온다. 개인의 신앙을 평가할 때 객관적으로 자신을 바라보고 고쳐 세워줄 비교 대상이 없기 때문이다. 더불어 긴 믿음의 경주에서 지쳐 쓰러졌을 때 나를 지지하고 격려해 줄 코치와 동료가 없다.

어제는 훌쩍 커버린 아들이 나에게 키를 한번 재보자고 다가왔다. 얼마 전까지만 해도 나보다 조금 작았던 아들인데, 이제 내 키보다 3센티나 뛰어넘었다. 어찌나 좋아하고 기뻐하든지, 그런 아들의 모습을 보며 아빠인 나의 마음도 기뻤다.

마찬가지다. 나의 믿음이 잘 크고 있는지, 속도가 적당한지, 건강하게 잘 자라고 있는지를 계속 점검해 보기 위해서는 공동체가 필요하다. 이것은 비교를 위해서가 아니라 서로에게 도전이 되고 응원이 되기 위해서이다. 우리는 '홀로'와 '더불어'가 같이 있어야 한다. 개인의 신앙생활에 익숙한 사람이라고 할지라도 공동체 안에서 서로를 격려하고 위로하며 다시 힘을 얻어 달릴 수 있어야 한다.

그런데 혼자 신앙생활을 하는 사람은 다시 공동체로 들어가는 게 쉬운 일이 아니다. 혼자 할 수 있는 일을 굳이 공동체(구역, 목장, 순 등)에 들어가야 하는지 의문이 생길 수 있다. 믿음의 경주는 혼자 가는 게 아니다. 서로 격려하며 믿음을 응원하며 함께 할 때 끝까지 완주할 수 있다.

---

* 이소영, 『홀로 성장하는 시대는 끝났다』, 더메이커, 2019년, 289-290쪽.

고독을 넘어 고립되지 않기 위해

 믿음은 지극히 개인적인 것이다. 부모의 믿음을 물려받아 구원받는 것도 아니고, 배우자의 믿음으로 구원받는 것도 아니다. 그래서 우리는 늘 하나님 앞에 단독자로 서 있어야 한다. 다른 사람의 영향을 받을 수는 있지만 결국은 나의 믿음으로 세상을 살아가야 한다.

 하지만 사람은 관계적 존재라 늘 다른 사람의 영향을 받는다. 특히 내가 오랫동안 머물고 존경하고 좋아하는 지인이라고 한다면 그 영향력은 생각보다 크다. 우리나라 사람들은 관계에 많은 영향을 받기에 누군가의 부탁을 거절하기가 쉽지 않다. 그리고 요청하는 상대가 누구냐에 따라 대답이 달라질 때도 있다.

 그래서 우리가 온전한 신앙을 지킨다고 할 때 이 관계 때문에 믿음생활을 하는 게 어려울 수 있다. 나의 거절이 상대의 마음을 다치게 하는 건 아닌지, 혹 그 사람이 교회에 대해 부정적 인식을 가지는 건 아닌지 눈치를 보게 된다. 그래서 어느 때는 신앙인의 이미지를 핑계 삼아 그 사람의 부탁을 거절하지 못하고 세상의 문화에 함께 물들어 가는 경우들도 많이 있다.

 우리는 늘 하나님 앞에 고독한 존재로 서야 한다. 세상의 수많은 요청과 유혹에도 흔들리지 않을 수 있도록 함께 하는 시간보다 훨씬 더 많은 시간을 고독하게 설 수 있어야 한다. 이 시간은 하나님 앞에서 기도하는 시간, 말씀 읽는 시간, 묵상하는 시간, 주님의 마음을 생각하는 시간이다. 그리고 고독의 시간이 잘 지켜질 때 수많은 세상의 유혹 속에서도 나의 믿음을 끝까지 지켜나가며 사람들과의 관계도 잘 유지해 갈 힘을 가질 수 있다.

그런데 고독과 고립은 다르다. 우리는 코로나를 통해 고립을 경험했다. 가고 싶어도 갈 수 없었던 곳들이 많아지면서 분주했던 삶이 차분하게 정리되었다. 그리고 사람들과 함께 예배드리지 못하다 보니 하나님을 더 깊이 만나는 고독의 시간이 생겨 좋았다. 누군가를 일부러 만나지 않으니 편해졌고, 귀찮게 찾아가지 않아도 되는 비대면이 익숙해졌다. 교회에 굳이 나오기보다는 골방이 더 익숙해졌고, 현장보다 온라인이 점점 편안해졌다. 화장도 풀 메이크업이 아닌 보이는 눈만 하면 되고, 옷도 상의만 잘 갖추면 되고, 말도 꼭 필요한 몇 마디만 채팅방에 남기면 되는 이 편한 세상에서 고독으로 시작하다 고립이 되고 있다.

하지만 신앙은 관계이다. 하나님과의 관계, 이웃과의 관계이다. 우리가 하나님 앞에 홀로 고독하게 서 있어야 하는 시간은 필요하지만, 그것이 고립으로 이어지면 안 된다. 고립은 고독과 다르게 처음에는 편안하게 느껴지지만, 서서히 침잠되게 한다. 동굴에 들어가면 나를 흔들어 깨워주고 일으켜 세워주는 믿음의 가족을 만날 수 없다.

그래서 만나야 한다. 고독이 고립이 되지 않도록 만나야 한다. 하나님을 대면하여 만나고, 믿음의 가족들과 얼굴을 마주해야 한다. 이 정도면 혼자서도 잘하고 있다는 착각에서 벗어나기 위해서라도 만남의 자리로 나아가야 한다. 그렇게 힘차게 고립의 자리를 박치고 일어나 만남의 자리로 나아갈 때 우리는 다시 믿음의 성장과 성숙을 시작할 수 있다.

누가 순교자이고 누가 변절자인가?

누가 믿음 있는 사람이고, 누가 믿음 없는 사람일까? 신앙생활을 하다 보면 믿음이 좋은 분들을 만나기도 하고 한편으로는 저렇게 신앙생활해서 될까? 걱정되는 분들도 있다. 이렇게 생각하다 보면 내 눈이 정확한 건지 고민스럽다.

모든 실력은 평소에 드러나지 않는다. 회사도 위기를 통해 얼마나 건실한지 정확히 알 수 있고, 건물도 지진을 겪어봐야지 잘 지어졌는지 알 수 있고, 사람도 감기에 걸려봐야지 얼마나 건강을 잘 지켜왔는지를 정확히 알 수 있는 것처럼 믿음도 평소에는 잘 드러나지 않는다.

1964년에 나온 <순교자>라는 소설이 있다. 이 소설은 6·25전쟁을 배경으로 하고 있고, 그 안에는 14명의 목사가 등장한다. 1950년 11월 육군본부 정보처에서 평양에 장 대령과 이 대위를 파견하는데, 그들은 평양에서 일어난 목사 집단학살을 조사하고자 했다. 이 사건은 공산군 비밀경찰들이 14명의 목사를 끌고 가, 그중 12명을 처형하고 2명만 살려 보낸 사건이었다.

파견된 장 대령은 이 사건을 살피며 더 조사할 게 없다고 생각했다. 죽은 12명의 목사는 끝까지 신앙을 지키다가 처형된 순교자들이라 생각했고, 남은 한 목사와 신 목사만 조사하면 된다고 생각했다. 그런데 한 목사는 정신이상자가 되어 돌아왔기 때문에 굳이 죽일 필요가 없으니 살려서 보내준 것으로 생각했고, 멀쩡하게 돌아온 신 목사만 신앙을 배신한 변절자라고 나름 결론을 내리고 있었다.

 이러한 생각은 장 대령만의 생각이 아니라 교회를 지키던 모든 성도들의 생각이기도 했다. 그래서 아무런 고난의 흔적 없이 돌아온 신 목사를 비난하고 조롱하고 핍박하기 시작했다. 하지만 신 목사는 아무런 말을 하지 않았다. 성도들의 비난과 조롱에도 침묵만 이어갔다. 변절자라는 낙인이 찍혀 모두 자신을 향해 침을 뱉고 있음에도, 여전히 평양에 있는 가난하고 아픈 사람들을 돌보며 하루하루를 버텨나갔다.

 그러던 어느 날 14명의 목사를 끌고 갔던 공산군 비밀경찰인 정 소좌가 잡힌다. 그리고 그는 그날의 일을 비아냥거리듯 말해주었다.

 위대한 순교자들이 꼭 개들처럼 죽어갔다는 말을 들려줄 수 있게 되어 기쁘구먼. 꼭 개들같이 훌쩍거리고, 낑낑거리고, 엉엉 울면서 죽어갔어! 살려달라 아우성치고, 자기네 신을 부정하고 동료들을 헐뜯는 꼬락서니라니 과연 한번 보기 좋았지.'

 사람들이 생각하는 것과 정반대로 정 소좌의 말은 달랐다.

 '누가 순교자이고, 누가 변절자인가?' 평소에는 보이지 않는다. 모두가 신앙이 좋아 보인다. 하지만 위기 앞에서 그 믿음의 진가는 서서히 드러나기 시작한다. 죽음 앞에서도 의연하게 살아가는 모습, 비난과 조롱 앞에서도 믿음을 지키며 침묵하는 모습, 끝까지 자신의 자리에서 맡겨진 사명을 감당하는 모습을 통해 신 목사의 믿음은 확인될 수밖에 없었다.

 우리는 큰 위기 앞에 순교자인가? 변절자인가?, 죽느냐 사느냐의 문제가 걸려있는 전쟁 앞에 놓여있는 것은 아니지만, 이 위기 앞에서 우리의 믿음도 확인될

---
* 김은국, 『순교자』, 문학동네, 2016년, 140쪽.

것이다. 얼마나 의연하게 살고 있는지, 세상의 비난 앞에 침묵하며 견디고 있는지, 세움 받은 자리에서 사명을 어떻게 감당하고 있는지 말이다.

마치 하나님께서 아브라함에게 이삭을 모리아산에서 바치라고 한 이후, "내가 이제야 네가 하나님을 경외하는 줄을 아노라"라고 믿음을 확인받은 것처럼(창 22:12) 우리에게 있는 위기의 시간들을 통해 나의 믿음을 하나님 앞에서 확증하는 기회가 되길 바란다.

빛이 없어야 출구가 보인다

 사람들은 어두움을 두려워한다. 물리적 어두움, 시간적 어두움, 관계적 어두움, 모두 마찬가지이다. 불분명한 것에 대해 못 견딘다.

 집에 들어갔는데 불이 들어오지 않으면 모든 게 두렵다. 내가 무언가에 부딪힐까 봐 두렵고 영화에서 본 것처럼 무언가 숨어 있을까 봐 겁이 난다. 그래서 뱃사람들은 캄캄한 밤하늘에 떠 있는 별을 보며 이야기를 만들었다. 내가 볼 때는 아무리 봐도 사자가 아니고 물병이 아닌데 사람들은 물병자리, 사자자리, 처녀자리, 목동자리. 그렇게 이름을 붙이며 어두움에 대한 불안을 해소해 나갔다.

 미래에 대한 불투명함이 청년들을 두렵게 만든다. 지금 내가 제대로 가고 있는 걸까? 잘못 가고 있으면 어떻게 할까? 실패하면 어떡하고, 안 되면 어떻게 할까? 시간적 두려움은 때로 삶을 포기하게 만들고 좌절하게 만든다. 그래서 많은 사람이 전망을 내놓는다. 과거를 기준으로, 흐름을 기준으로, 검색 횟수를 기준으로 수많은 전망을 통해 불안을 해소하려고 애쓴다.

 어떤 사람과의 관계가 불투명할 때도 마찬가지이다. 관계가 명확했으면 좋겠는데 무언가 명확하지 않고 불투명한 관계를 맺으며 살아갈 때 사람은 두렵다. 언제 버려질지 모른다는 두려움, 언제 배신당할지 모른다는 두려움. 그래서 사람들은 어떻게든 확실한 관계로 발전시키거나 아니면 크게 신경 쓰지 않아도 되는 관계로 선을 그어 놓고 불안을 해소하려고 한다.

 사람은 이처럼 어두워질 때 출구를 찾기 위해 다양한 불을 켠다. 횃불을 켜고, 등불을 켜고, 플래시를 켜고, 전등을 켜서 어두움에서 빠져나갈 출구를 찾는다. 또 많은 사람이 그 빛의 역할을 하려고 한다. 출구를 찾을 수 있는 희망의 빛을 쏘아 올리려고 한다.

 하지만 정말 출구를 찾은 걸까? 아니면 더 깊은 어두움으로 들어가는 것은 아닐까? 국민 간에 갈등도 심화되고 있고, 남북문제에 대한 생각의 차이, 경제문제에 대한 생각의 차이, 정치문제에 대한 생각의 차이, 주택문제에 대한 생각의 차이, 공정에 대한 차이도 점점 커지고 있다.

 사람들은 빛을 많이 비추면 합리적인 사고와 토론을 통해 출구를 빨리 찾을 수 있을 것으로 생각한다. 하지만 빛이 너무 많으면 도리어 출구가 보이지 않는다. 서로가 자신이 선 쪽을 향해 이쪽으로 와야 한다고 외치고 있고, 목소리 높여 내가 제시하는 길이 바로 이 모든 문제를 해결하는 출구 전략이라고 주장한다.

 그런데 요즘 드는 생각은 도리어 불을 꺼야 출구가 보일 것 같다. 미국 드라마에 나오는 '보쉬'라는 형사가 어떤 사건을 처리하는 과정에서 한 대사가 내 마음에 오래 남는다.

 아프가니스탄 특수 부대에 있으면서 칠흑같이 어두운 터널이나 동굴을 다녔는데 전조등을 끄면 그러면 빛이 보였어요. 저흰 그걸 '잃어버린 빛'으로 불렀죠. 마치 동굴 속에 저희와 함께 갇힌 것처럼 보였어요.

 출구를 찾기 위해 계속 불을 켜면 안 보인다. 지식과 경험의 불들을 켜며 이 어두움을 뚫고 나갈 출구를 찾지만 출구는 점점 보이지 않고 자신의 방향이 맞

---

* 미국드라마 Bosch. 2020년. 시즌1-2회.

다고 싸우기만 한다. 어쩌면 보쉬 형사가 말한 것처럼 지금은 불을 꺼야 할 때이다. 조용히 눈을 감고 기도로 어두움에 들어가야 출구를 찾을 수 있을 때이다.

예수님이 빛이라는 말씀은 다른 빛을 꺼야 비로소 보이는 것이라 할 수 있다. 세상의 빛은 최대한 차단해야 한다. 성막이 4개의 덮개로 씌워져서 그 안에 세상의 빛이 단 한 줄도 들어오지 않아야 하고, 등잔대에 있는 불로만 하나님 앞에 나아갈 빛을 밝혔듯이 지금은 하나님이 비춰주시는 빛을 보기 위해 세상의 빛을 끄고 조용히 눈을 감고 기다려야 할 때이다. 내 안에 세상의 빛이 완전히 차단될 때, 분명히 이 어두움을 뚫고 나아갈 하나님의 빛을 발견하게 될 것이다.

성경은 도끼여야 한다

책은 우리 안의 꽁꽁 얼어붙은 바다를 깨는 도끼여야 한다.
A book must be the axe for the frozen sea within us.
_프란츠 카프카 (Franz Kafka)

성경을 읽을 때 어느 한 구절에 마음이 꽂힐 때가 있다. 힘들 때면 위로의 말씀을 붙들게 되고, 절망 가운데 있을 때는 희망의 말씀을 붙들게 된다. 이처럼 말씀이 힘이 되고 빛이 되는 것은 사실이다.

하지만 말씀이 꼭 위로와 격려만 되는 걸까? 믿음 생활이 한없이 게으름에 빠져 있고, 제대로 걷지도 못하는 신앙이 되어가고 있는데도 한없는 희망과 위로만 주는 것이 성경일까? 어쩌면 우리는 나를 아프게 하는 말씀은 말씀으로 붙들지 않고 그냥 흘려보내며 살아가고 있는지 모른다.

많은 신앙인이 이 시대를 아버지가 없는 시대라고 말한다. 잘못된 길을 가고 있는 우리를 따끔하게 혼내거나 교훈해 주는 사람이 부재한 시대라는 것이다. 교회에도 아버지가 서서히 사라져가고 있다. 나도 목회자이지만 설교 대부분은 위로와 격려이고, 희망과 응원이다.

그런데 우리가 정말 신앙의 게으름, 영적 무기력에서 벗어나기 위해서는 말씀을 통해 깨어지기 시작해야 한다. 한없는 하나님의 사랑에 만족하며 서서히 잠드는 것이 아니라, 우리를 흔들어 깨우시는 예수님의 처절한 외치심을 듣고 다시 깨어나야 한다.

박웅현의 <책은 도끼다>라는 책 제목처럼, 책은 끊임없이 굳어진 사고를 깨뜨려 준다. 하물며 하나님의 말씀은 어떨까? 좌우의 날 선 검보다 예리한 하나님의 말씀은 어떨까? 혼과 영과 및 관절과 골수를 찔러 쪼개기까지 하는 하나님의 말씀은 어떨까?

말씀의 검을 통해 나의 게으름과 나태함, 그리고 무기력함을 깨뜨려야 한다. 지금까지 살아온 것 주의 은혜라는 고백으로는 부족하다. 날 선 말씀 앞에 나를 세우고, 두렵고 떨림으로 다시 믿음의 경주를 시작해야 한다.

네이밍의 중요성

 막말하는 사람들의 가장 흔한 착각은 자신이 솔직해서 그런 것이라고 말한다는 것이다. 나는 솔직하기 때문에 없는 이야기를 하지 않고 내 감정을 솔직하게 표현한 것이라고 말한다. 그래서 그것을 듣는 사람도 반박하지 못하게 자신을 보호한다. 자신의 감정에 솔직해서 있는 그대로 표현한다고 하는데 뭐라고 이야기할 수 있겠는가? 심지어 자신에게 '솔직함'으로 네이밍한 사람은 결코 반성하거나 자신을 성찰할 여지가 없다. 이미 자신을 솔직한 사람이라 평가내렸기 때문이다.

 그런데 그것이 과연 솔직함일까? 내가 느끼는 대로 말하고, 내가 하고 싶은 대로 하는 것이 솔직함이고 자유일까? 만약 세상 모든 사람이 다 그렇게 살아간다면 이 세상은 어떻게 될까?

 솔직함과 자유로움에도 경계가 있다. 그것은 다른 사람에게 피해를 주지 않는 것, 다른 사람에게 아픔을 주지 않는다는 경계선 아래에서 표현되어야 한다. 내 감정에 솔직해서 한밤에 마음대로 노래하고 소리 지른다면 그것을 솔직함으로 이해해 줄 사람은 아무도 없다. 그런데 그 행동을 솔직함으로 네이밍한 사람은 경찰서에 끌려가서도 큰소리친다.

그래서 그런 사람들에게 가장 먼저 필요한 것은 네이밍을 바꾸는 일이다. 자신의 막말을 '솔직함'이 아닌 '언어폭력'으로 이름을 바꿔야 한다. 이름만 바꿔도 문제를 인식하게 되고, 자기 행동을 돌아볼 수 있으며, 잘못된 행동을 조금씩 수정해 나갈 수 있다.

신앙도 마찬가지이다. 지금 자신의 신앙 상태를 스스로 어떻게 정의 내리고 있는가? 어떻게 네이밍하고 있는가? 나태함인데 '충전 중'이라고 네이밍하고 있지는 않은지, 게으름인데 '휴식 중'이라고 스스로 정의 내리고 있는 것은 아닌지, 무기력인데 몸에 '힘을 빼는 중'이라고 포장하고 있는 것은 아닌지 정확하게 살펴봐야 한다.

나 스스로에 대한 정의와 네이밍을 바꿀 때, 우리는 무기력한 신앙 상태에서 벗어나 믿음을 회복할 수 있을지 모른다.

신호 차단과 연결

일반적으로 사람들은 성적이 좋지 못한 학생들을 개인의 노력 부족으로 판단하지만, 심리학자들은 노력이 가능할 수 있도록 하는 환경 구성에 주목한다. 성적이 낮은 학생들은 고난도 문제를 의욕적으로 풀려 하지 않을 뿐 아니라 이미 시작도 하기 전에 풀 수 없다고 생각한다. 이는 노력과 무관한 생각이다. 만약 이 부정적인 신호들을 차단하고 공부를 시작하게 하려면 어떻게 해야 할까?[*]

코로나가 한참 유행일 때 우리는 교회에 가면 안 된다는 환경적 신호에 지속해서 노출되어 있었다. 물론 그것은 나만을 생각하고 내린 결정은 아니었다. 내가 괜찮다고 하더라도 다른 사람이 피해를 받을 수 있으니, 교회는 사회적 역할을 해야 한다는 신호였다.

그래서 교회도 이와 발맞추어 교인들에게 같은 신호를 전달했다. 그 결과 많은 교인이 아직도 교회의 현장으로 돌아오지 못하고 있다. 부정적 신호에 너무 오래 노출되어 있다 보니 스스로 제한을 두기 시작했다. 또한 언론을 통해 계속 들려오는 교회에 대한 부정적인 신호가 우리 자신을 위축하게 했다. 마치 교회가 모

---
[*] 정주영, 『하버드 상위 1%의 비밀』, 한국경제신문, 2018년, 45쪽.

든 문제의 진원지인 것처럼 보도되는 헤드라인은 교회를 향한 우리의 발걸음을 계속 멈추게 했다.

그래서 국가적·사회적으로 큰 문제가 있을 때 교회가 함께 발을 맞추는 것이 중요하다. 때로는 사회 전체 분위기를 이끌고 가야 할 때도 있다. 하지만 너무 오랜 기간 부정적인 신호에 노출되어 있어 이제 다시 긍정적으로 이끌어 가야 할 시간이 왔는데도 그 자리에 주저앉아 있다면 이는 심각한 상황이 아닐 수 없다.

이제는 부정적 환경의 신호를 조금씩 차단해 나가야 한다. 무조건적으로 교회는 위험하다던가, 모이면 위험하다던가, 굳이 모일 필요가 있는지 등의 부정적인 신호를 차단하고, 긍정적인 신호를 주고받아야 할 때이다.

그래야 교회의 불도 다시 켜진다. 교회에 불이 다시 켜져야 세상도 다시 밝아질 수 있다. 지금까지 세상을 위해 교회의 스위치를 잠시 꺼두었다면, 이제부터라도 세상을 위해 믿음의 스위치를 다시 켜야 할 때이다.

환경과 습관에 따라 달라진다

스페인국립암센터의 마리오 프라가 박사는 일란성쌍둥이 40쌍을 대상으로 한 조사를 실행했다. 그들의 3세 때의 염색체와 50세 때의 염색체를 조사한 것인데, 3세 때는 거의 동일한 모습을 보였던 쌍둥이의 염색체가 50세 때는 매우 다른 모습으로 변형되었다. 쌍둥이라고 해도 다른 환경과 생활습관에 따라 노화의 진행이 달라진다는 것이다. 이 연구에 따르면 노화는 약 20-30%만 유전자에 따라 결정된다고 한다.*

우리는 똑같이 하나님의 선택을 받고 부름을 받은 하나님의 자녀들이다. 그래서 처음에는 똑같은 모습으로 신앙생활을 시작하게 된다. 하지만 시간이 지날수록 어떤 이는 빠르게 성장하는 모습을 보이고, 어떤 이는 더딘 성장을, 또 다른 이는 성장을 멈추기도 한다.

물론 이 과정에는 성장에 관한 다양한 요소들의 영향을 받기 때문에 어느 하나 때문이라고 규정짓기란 어렵다. 하지만 환경과 습관의 영향이 가장 큰 영향을 끼친다. 조금 늦은 듯 보이지만 바나바와 같은 믿음 좋은 사람을 만나 교회에

---

* 오세욱, 『50, 살기 위한 최소한의 운동』, 페이퍼버드, 2021년, 24쪽.

적응도 빠르고 양육 과정을 통해 빠르게 성장하는 사람이 있는가 하면 분명 똑같이 등록했음에도 불구하고 몇 년이 지나도록 여전히 이방인으로 살아가는 새 가족도 있다.

결국 한 새가족이 교회에 들어와 건강하게 성장하기 위해서는 환경이 되는 교회의 준비에 달려있다. 더불어 본인 스스로가 건강한 신앙 습관을 만들기 위해 노력해야 한다. 주일 예배라는 기본적 신앙 습관뿐만 아니라 양육 과정에 참여하는 신앙 습관, 교회의 지도에 잘 따르는 신앙 습관, 믿음의 사람들과 한 주에 한 번씩 만나는 신앙 습관 등. 내가 신앙 환경 안으로 들어가려고 하는 습관도 잘 길러야 한다.

아무리 좋은 습관도 갖기 위해 애쓰지 않으면 가질 수 없다. 습관은 하루아침에 만들어지지 않는다. 특히 잃어버린 신앙의 습관을 다시 회복하기 위해서는 몸이 다시 기억할 때까지 정해진 시간에 말씀을 보고, 기도하고, 예배를 드리도록 힘써야 한다.

교회가 제공하는 환경에 참여하고, 습관에 의해 자연스럽게 믿음이 회복되도록 만들어 놓는 것이 신앙 성장에 있어 매우 중요하다. 시스템만 갖추어지면 나머지는 자동으로 이루어지는 게 있다. 나를 믿음의 환경 속으로 밀어 넣고, 믿음의 습관을 만들어 가야 한다.

슬럼프는 지금 열심히 하고 있다는 증거

 몇 년 전, 한 프로야구 선수가 5게임 연속 무안타를 기록하며 슬럼프에 빠졌다. 그는 타격 1위였는데 최근의 부진과 슬럼프로 인해 2위, 3위 선수와 똑같은 타율이 되었다. 그래서 이 선수는 타격 감각을 살리고 슬럼프에서 탈출하기 위해 여러 가지 노력을 했다. 결국 수많은 노력 끝에 4타수 3안타를 기록하며 슬럼프에서 벗어나는 모습을 보여주었다.

 그런데 슬럼프는 누구에게나 찾아오지 않는다. 은퇴한 선수에게는 슬럼프가 찾아오지 않는다. 운동을 그만둔 선수에게는 슬럼프가 찾아오지 않는다. 2군 선수라고 하더라도, 타율이 낮은 선수라고 하더라도, 더 발전하기 위해 열심히 달리고 있는 선수에게만 슬럼프는 찾아온다.

 요즘 우리의 믿음에 슬럼프가 없는 이유가 무엇일까? 아무런 위기감이 없는 이유는 무엇일까? 어쩌면 모든 게 평안해서가 아니라 열심이 사라졌기 때문은 아닌지 생각해 본다. 슬럼프도 아무나 빠지는 게 아니라는 생각에 지금 나의 모습을 다시 한번 돌아보게 된다.

 부교역자 시절, 한 교회에서 7년 정도 섬겼더니 슬럼프가 찾아왔었다. 그래서 아내와 1년 정도 선교지에 나갔다가 오자고 이야기하기도 했었다. 결국 사역지를 옮기면서 다시 자연스럽게 회복되기는 했지만, 그때가 가장 긴 슬럼프였던 것 같다. 그 시절 참 많이 고민했다. 7년 정도에 슬럼프가 찾아오면 앞으로 남은 목회 시간을 어떻게 해 나갈 수 있을지 걱정하면서 말이다.

그런데 이제 와서 생각해 보니 '그때 참 열심히 했었구나'라는 생각이 든다. 그리고 '그런 슬럼프가 다시 찾아올 수 있을까?' 하는 아쉬운 마음이 든다.

지금 믿음의 슬럼프에 혹 빠져 있다면 지금까지 참 열심히 달려온 증거라고 생각하기를 바라고, 그 모습까지도 받아 주시고 어루만지고 계시는 엘리야의 하나님을 바라보기 바란다.

반대로 아무런 슬럼프 없이 평안하기만 하다면, 지금까지 내가 어떻게 하나님을 사랑해 오고 어떻게 믿음으로 살려고 힘써 왔는지 점검해 보는 기회가 되길 소망한다.

한창나이 선녀님

 몇 년 전 다큐멘터리 영화로 소개된 강원도 산골에서 홀로 살아가고 계시는 68세 임선녀 할머니가 생각난다. 남편이 죽고 홀로 4마리의 소를 키우며 산골 집에서 살고 있다. 할머니는 남편이 죽고 가장 큰 걱정은 글자도 모르는 자신이 홀로 이 세상을 어떻게 살아갈 수 있을지에 대한 두려움이었다.

 그래서 글을 배우기 시작했다. 집에 있는 동안 잠시도 가만히 안 있는 할머니가 일주일에 세 번, 어떤 날은 택시를 타고, 어떤 날은 한 시간씩 걸어서 머리에 랜턴 불 하나를 켠 채 글을 배우러 다닌다. 그 모습을 옆에서 지켜본 다큐멘터리 감독이 지은 제목이 '한창나이 선녀님'이다.

 임선녀 할머니가 글을 배우더니 이제는 집을 짓겠다고 나선다. 꿈 없이 하루하루 살았던 할머니의 삶에 꿈이 생긴 것이다. 4명의 자녀와 손주들이 시골에 오면 함께 편안히 머물 집을 짓고 싶다는 꿈이 글을 배우면서 시작되었다.

 누가 한창나이인가? 강원도 시골에 살면서 68세가 되었지만 글을 배우고 새로운 꿈을 꾸며 집을 짓기 시작한 임선녀 할머니가 한창나이일까? 아니면 매주 하나님의 말씀을 듣고 배우지만 여전히 제자리에 머무르며 꿈에는 관심도 없이 살아가는 내가 한창나이일까?

배운다는 것은 단순히 지식이 늘어나는 시간이 아니라 새로운 세계를 발견하고 그것을 향해 나아갈 힘을 얻는 것이다. 오늘도 나에게 주시는 말씀 속에서 하나님의 꿈을 함께 꾸며 하나님 앞에 서는 그 순간까지 한창나이라고 말하고 싶다. 나이와 상황을 핑계 대며 너무 일찍 믿음의 잠자리에 들지 않고, 작은 랜턴 하나를 켜고서라도 하나님의 꿈을 향해 그 어두운 밤길을 걸어갈 수 있는 믿음의 사람이 되기를 바란다.

잠수종과 나비

 1995년 12월 28일 금요일 오후 한 남자가 뇌졸중으로 쓰러졌다. 그리고 그는 자기 몸 안에 갇혀 지낼 수밖에 없는 감금증후군에 걸린다. 이제 그가 움직일 수 있는 거라고는 왼쪽 눈꺼풀과 마음껏 상상할 수 있는 뇌밖에 없다. 얼마나 괴로운 상황일까? 보지 못하는 것도 아니고 생각할 수 없는 것도 아니다. 잠수종 안에 갇혀 있는 자기 모습을 보며 끝없는 좌절과 절망 말고는 할 일이 없다.

 이 이야기의 주인공은 세계적인 패션 잡지 엘르의 수석 편집장이며 두 아이의 아빠였던 장 도미니크 보비(Jean-Dominique Bauby)이다. 그는 자신이 지금 움직일 수 있는 두 가지를 가지고 책을 쓰기 시작한다. 아무도 제한할 수 없는 생각을 가지고 무한한 상상력을 펼치며, 마음껏 움직일 수 있는 눈꺼풀을 20만 번 움직여 책을 쓰기 시작했다. 자신이 원하는 알파벳의 순서가 오면 눈을 깜빡인다. 이 문장이 맞으면 한 번, 틀리면 두 번. 그렇게 해서 완성된 책이 <잠수종과 나비>이다.

 잠수종이 한결 덜 갑갑하게 느껴지기 시작하면, 나의 정신은 비로소 나비처럼 나들이 길에 나선다. 하고 싶은 일이 너무 많다. 시간 속으로, 혹은 공간을 넘나들며 날아다닐 수도 있다. 불의 나라를 방문하기도 하고, 미다스 왕의 황금 궁전을 거닐 수도 있다.*

정말 힘든 상황이 우리를 움직이지 못하게 하는 걸까? 무엇이 삶을 제한하고, 믿음 생활을 방해하는 걸까? 지금 움직일 수 있는 것이 두 가지만 있다면… 왼쪽 눈꺼풀과 생각할 수 있는 상상력만 남아있다면 우리는 오늘도 하나님을 만날 수 있고, 하나님과 대화할 수 있으며, 이웃을 위해 기도할 수도 있고, 나의 상상력이 가득 담긴 책 한 권을 쓸 가능성이 있다.

1997년 3월 책이 출간된 이후, 3월 9일에 그는 폐렴으로 세상을 떠났다. 하지만 그의 책은 스스로 잠수종 안에 갇혀 살아가고 있는 우리에게 나비가 되어 공간을 넘나들며 날아다닐 수 있는 길을 알려주고 있다.

하루 종일 돈을 벌어야 해서 직장에 있든, 사업체에 묶여 있든, 병든 노부모를 돌보느라 집에 있든, 아니면 도서관에서 시험을 준비하든…. 우리가 어느 자리에 있든지 내가 있는 그 자리에서 하나님을 만나고, 대화하고, 경험하고, 그 은혜를 누군가와 나누며 기록할 수만 있다면 우리의 믿음은 오늘도 더 높이, 더 멀리, 더 넓게 자라갈 수 있다.

---

* 장 도미니크 보비, 『잠수종과 나비』, 양영란 역, 동문선, 2015년, 16쪽.

알고 보면 달리 보인다

 사람이 미래에 대해 불안해하는 이유가 뭘까? 사람이 낯선 장소에 대해 불안해하는 이유가 무엇일까? 모르기 때문이다. 앞으로 어떤 일이 일어날지, 그곳에 가면 어떤 문제에 봉착할지 모르기 때문에 두려운 것이다. 사람도 모르는 사람을 만날 때는 두렵다. 그런데 조금씩 알게 되면 두려움은 곧 친근감으로 바뀐다.

 코로나 기간에 사람들이 두려워했던 가장 큰 이유는 몰라서였다. 어디서 발생했는지, 어떻게 전파되는지, 그리고 어떻게 치료해야 하는지 몰라서 불안했다. 또 새로운 변이들이 발생한다는 소식에 사람들의 불안은 사라지지 않고 있다.

 그런데 알고 보면 다르게 보이기 시작한다. 스티븐 코비 박사가 쓴 <성공하는 사람들의 일곱 가지 습관>에 보면 뉴욕 지하철에서 있었던 일을 말하고 있다.

 어느 날, 스티븐 코비 박사가 지하철을 타고 가다가 시끄럽게 뛰어노는 아이들을 보게 된다. 처음에는 아이들이라 그럴 수 있다고 이해하려 했지만 시간이 지날수록 아이들의 행동과 소리가 점점 커졌다. 그런데 그 아이들의 아버지로 보이는 남자는 다른 승객들은 전혀 신경을 쓰지 않은 채 고개를 푹 숙이고 눈만 감고 있었다.

참다못한 코비 박사는 남자에게 다가가 정중하면서도 단호하게 아이들을 자제시켜 달라고 이야기한다. 그제야 고개를 숙이고 있던 남자는 얼굴을 들어 코비를 보며 말한다. "당신 말이 맞는군요. 정말 미안합니다." 그리고 말을 이어간다. "하지만 지금 저는 무엇을 어떻게 해야 할지 모르겠습니다. 한 시간 전에 저 아이들의 엄마가 수술실에서 사망했거든요. 그래서 …. "

　그 말을 듣고 코비는 이 남자와 아이들이 전혀 다르게 보이기 시작했다. 아이들이 뛰어놀든 말든 신경 쓰지 않던 무례한 아이의 아빠가 아닌 아내를 무척이나 사랑했던 안타까운 남편으로 보이기 시작했고, 천방지축 예의 없이 뛰어놀던 아이들은 엄마를 먼저 하늘나라에 보낸 가엾은 천사로 보이기 시작했다.

　알고 보면 달리 보인다. 예의 없고, 무례하고, 이기적인 사람이라 오해하는 것은 나의 편협한 이해이다. 두렵고 불안한 미래지만 믿음의 눈으로 알고 보면 달리 볼 수 있다. 세상 만물을 창조하시고 주관하시는 분이 하나님이심을 알면 달라 보이기 시작한다. 하나님은 우리에게 자기 아들을 주시기까지 사랑하신 분인 것을 알면 달라 보이기 시작한다. 하나님은 우리의 멸망이 아니라 우리가 하나님께 돌아와 구원받길 원하시는 분인 것을 알고 보면 다르게 보인다.

　힘든 시간의 원인과 결과가 아니라 세상 만물을 주관하시는 하나님을 알면 이 모든 일을 통해 이루고자 하시는 하나님의 뜻을 알게 되고 모든 상황이 달라 보이기 시작한다. 앞이 캄캄하여 아무것도 할 수 없는 시간, 아무것도 할 수 없다고 초조해하지 말고 하나님을 더욱 깊이 알아감으로 믿음의 눈으로 바라볼 수 있기를 소망한다.

사람이 살아가는 데는 행복의 크기보다 행복의 횟수가 중요하다. 내 삶을 둘러싸고 있는 일반은총들을 매일 느끼며 살아간다면 우리의 믿음이 점점 더 풍성해질 수 있을 것이다.

4
—

힘든 시간이 지나고 나면
훌쩍 커 있을 거예요

작은 성공을 경험하라

　새해만 되면 새롭게 시도하는 게 있다. 그런데 신앙생활을 길게 한 분들도 그만큼 많은 실패와 좌절이 있다. 성경 읽기도 결심했다가 매번 창세기를 넘어서지 못하고 있고, 큐티도 도전했다가 한 달을 못 넘긴다. 혼자서는 도저히 안 될 것 같아 신앙 좋은 분들과 함께 모임을 시작도 해 봤지만 시간이 지날수록 미안한 마음이 들어서 이제는 점점 연락을 피한다. 결단이 없었던 것은 아니지만 신앙생활의 패배감 때문에 도전이 머뭇거린다.

　그런데 어쩌면 이런 실패는 나의 의지가 부족해서라기보다는 목표설정이 잘못된 것일 수 있다. 처음부터 너무 큰 목표, 너무 큰 도전을 시작한 결과일 수 있다. 올 한해 성경을 읽는 목표를 세우면 우리는 늘 일독을 목표로 한다. 그런데 왜 꼭 일 독을 해야 하는 걸까? 왜 하루에 꼭 3장을 읽어야 하는 걸까? 남이 세운 목표를 그대로 따라 하면 남에게는 쉬운 목표도 나에게는 버거운 목표가 될 수 있다. 그러므로 나에게 맞는 목표로 조금은 줄이고 낮추고 맞출 필요가 있다.

　왜 하루에 한 절의 말씀을 문자로 받아서 읽으면 안 되는 걸까? 왜 듣는 성경으로 차 안에서 시간을 보내면 안 될까? 왜 365일 달력에 나와 있는 말씀 한 절을 마음에 새기는 걸로는 안 되는 걸까? 성경 일독의 목표가 안 되었다면 새

해에는 하루 한 절, 365절의 일용할 양식은 어떨까?

 중요한 것은 도전을 멈추지 않는 삶이다. 그리고 이 과정에서 나에게 맞는 신앙생활의 패턴과 믿음을 세워갈 수 있는 방식을 찾아야 한다. 특히 요즘처럼 내가 하려고 마음만 먹으면 도와줄 프로그램과 영상이 많은 시절이 없다. 단지 우리가 반복되는 결심과 실패 속에서 믿음의 도전을 멈추고 있을 뿐이다.

 대기업에서 출시되는 제품들도 다 성공하는 것이 아니다. 10개 중에 살아남아 우리의 손에서 지금까지 사용되고 있는 것은 1~2개에 불과하다. 최고의 타자들도 3할대이고, 최고의 골잡이도 한 게임당 하나의 골이면 최고의 스트라이커가 된다.

 그러므로 패배 의식은 내다 버리고, 오늘부터 다시 시작했으면 좋겠다. 하루에 한 절의 말씀, 하루에 한 곡의 찬양, 하루에 1분의 기도. 그것 중 하나만 할 수 있다고 해도 우리는 믿음의 한 걸음을 내딛는 것이다. 그 한걸음이 쌓이고 쌓여서 하나님의 나라로 우리는 흔들리지 않고 걸어갈 수 있다.

의지가 아니라 환경을 바꾸라

 우리가 하는 결심이 이루어지지 못하는 이유는 개인의 의지 탓으로 돌리는 게 원인을 규명하는데 쉬울 수 있다. 그래서 "너는 왜 이렇게 의지가 부족하니? 나는 왜 이렇게 의지가 부족할까?"라는 질문을 서로에게 던지며 수도 없이 채근해 왔다. 그런데 안타깝게도 그럴 때마다 나 자신이 점점 작아질 뿐이지 결심한 일들이 이루어지지는 않았다.

 그런데 자신의 계획과 결단을 이루지 못하는 가장 큰 이유는 개인의 의지가 아니라 환경 때문이다. 물론 의지가 불필요하다는 말은 아니다. 의지는 인간의 동기와 기초가 된다. 하지만 사람은 환경에 의해 의지가 강해지기도 하고 꺾이기도 하는 존재이기에 의지를 지속할 수 있는 환경을 조성하고, 그 환경으로 자신을 몰아넣는 게 더욱 중요하다.

 '다이어트를 해야지'라는 결심과 의지도 중요하지만, 근처에 있는 과자와 쿠키를 먼저 없애는 것이 환경을 구성하는 일이고, '책을 읽어야지'라는 결심과 의지도 중요하지만, 집에 들어와 앉자마자 2~3줄 읽을 수 있는 책이 있는 게 더욱 중요하다.

 사실 내가 글쓰기를 결심한 지는 오래되었다. 항상 '짧은 글이라도 써야지'라고 생각했다. 내가 할 일 목록 중 가장 상단에 글쓰기가 쓰여 있다. 하지만 사무실에 들어가 앉으면 항상 다른 더 중요하고, 더 급한 일들이 줄지어 서 있는 환경에서 글을 쓴다는 것은 결코 쉬운 일이 아니었다.

그래서 내가 바꾼 환경이 출근하는 길에 커피 한잔과 글쓰기였다. 집에서 교회까지 가는 사이에는 편의점 2개와 카페 하나가 있다. 그런데 카페는 9시가 되어야 문을 열고, 편의점은 아침 일찍부터 문을 열고 있다. 아이를 학교에 태워주고 교회로 가는 길에 여유 있는 30분을 커피 한 잔과 글 한 조각으로 채우기로 결심하고 나의 환경을 편의점으로 바꾸었다. 그런데 놀랍게도 9개월 동안 쓰지 못했던 짧은 글들이 하나씩 쌓이기 시작했다. 덕분에 안 되나 보다 생각했던 생각이 바뀌고 글들도 모이기 시작했다.

믿음의 습관도 마찬가지라고 생각한다. 성경 읽기를 결심하고, 기도를 작정하고, 신앙 성장을 목표로 삼는 일은 성도에게 매우 중요한 일이다. 하지만 힘든 상황 속에서 나 혼자의 힘으로 지속해 나가는 데에는 한계가 있다. 결국 또 무너지는 나를 보고 '나는 안되나 보다'라며 스스로 위축될 수밖에 없다.

이때는 의지와 함께 환경을 바꾸어야 한다. 성경을 읽기로 결심했으면, 책상 하나를 비워 항상 성경이 펼쳐져 있어야 한다. 그리고 그 읽은 말씀 한 절을 나눌 수 있는 사람들과 카톡방이 만들어져 있어야 한다. 더 나아가 누군가를 만나러 가는 길에 돌아오는 길에 찬양 한 곡을 듣는 작은 습관을 만든다면 우리의 신앙은 언제라도 아름답게 성장해 갈 수 있다.

또한 믿음이 내 삶의 가장 중심에 자리 잡도록 환경을 만들고, 교회가 내 일과의 가장 중심에 자리 잡도록 환경을 만든다면 그 어떤 상황 속에서도 우리의 믿음은 약해지지 않고 강해질 수 있다. 믿음의 회복을 나의 약한 의지에 맡겨두지 말고 환경을 만들어 다시 일어나기를 바란다.

아주 작은 습관의 힘

 어떤 분들은 신앙 생활하는데 '장소가 왜 중요한가?'라고 말한다. 성막 중심의 신앙, 성전 중심의 신앙, 교회 중심의 신앙에서 벗어날 때가 되었다고 말하는 사람도 있다. 물론 우리의 신앙이 장소에 갇혀 있어서는 안 된다. 하나님은 건물 안에 계시는 분도 아니고, 그 안에 가두어 놓을 수 있는 분도 아니기 때문이다.

 하지만 하나님은 어디든 계시지만 어디에서든 집중해서 만날 수 있는 분은 아니다. 우리가 공부가 더 잘되는 곳을 찾는 이유가 무엇일까? 왜 젊은 사람들이 카페에서 공부하고, 그곳이 더 집중이 잘된다고 이야기할까?

 아주 작은 습관의 힘이라는 책에서는 '왜 집보다 스타벅스에서 공부가 더 잘될까?'라는 재미있는 질문이 있다.

 우리의 마음은 습관을 집, 사무실, 체육관 같이 그 행위가 일어나는 장소들에 연결한다. 각각의 장소는 특정 습관이나 일상 행위들에 연결되고 강화된다. 우리는 책상, 주방, 조리대, 침실에 놓은 용품들과 특정한 관계를 맺는다.[*]

---

[*] 제임스 클리어, 『아주 작은 습관의 힘』 이한이 역. 비즈니스북스. 2019년. 122쪽.

사람은 환경의 영향을 받을 수밖에 없는 존재이다. 의자가 옆에 있으면 앉고 싶고, 침대가 옆에 있으면 눕고 싶어진다. 혼자서도 예배를 드릴 수 있고 성경 읽기와 기도 시간을 잘 지킬 수 있다. 하지만 우리의 예배 태도와 신앙의 자세는 분명 조금씩 흐트러질 수밖에 없다.

우리에게는 홀로가 아니라 더불어 신앙생활 할 수 있는 공동체가 필요하다. 흐트러졌던 신앙의 자세를 새롭게 하기 위해서는 행동의 변화를 먼저 가져와야 한다. 마음을 변화시킴으로 행동을 바꾸기도 하지만, 행동을 변화시킴으로 마음과 신앙을 새롭게 하기도 하기 때문이다.

새로운 마음으로 공부하기 위해 도서관에 가고, 스타벅스에 가듯이…. 다시 믿음을 회복하기 위해 매일 교회에서 하나님과 조용한 만남을 시작한다면 우리는 하나님과 더 가까워질 수 있다.

집중할 수 있는 시간과 장소를 만들라

 오늘도 심방이 약속되어 있다. 성도들은 며칠 전부터 신경을 쓰며 준비한다. 대청소까지는 아니더라도 집 안을 정리하고 정돈하면서 목회자와 만날 시간을 정성껏 준비한다. 그리고 강아지가 있는 가정은 방에 잠시 놓아두거나 강아지 호텔에 잠시 맡기기도 한다. 이렇게 시작된 심방 중에는 전화나 문자가 오는 경우도 많이 있다. 하지만 대부분의 성도는 받지 않거나 나중에 전화하겠다며 끊는다. 왜 이렇게까지 하는 걸까?

 요즘 우리는 멀티태스킹 시대를 살아가고 있다. 한 번에 여러 가지 일을 동시에 하며 살아간다. 그리고 그것이 최첨단 기술 시대의 능력이라고 생각한다. 한정된 시간을 최대한 잘 활용하는 게 당연하다고 생각한다.

 하지만 <루틴의 힘>이나 <마지막 몰입>이라는 책에서는 우리가 속고 있다고 말한다. 우리가 얼마든지 시간과 도구를 잘 활용하면 제한 시간 안에 여러 가지 일을 동시에 할 수 있다고 하지만 그것은 실제로 거짓말이라는 것이다. 걷기와 같은 단순한 동작을 반복할 때만 듣기 정도의 일을 동시에 할 수 있고, 작업을 할 때는 두 가지 이상의 일을 할 수 없다. 몰입해야 할 순간의 에너지가 뺏겨 실제로는 한 가지 일도 제대로 할 수 없다는 것이다.

그런데 우리는 요즘 하나님을 만나는 일도 멀티태스킹으로 처리하려고 한다. 출근길에 듣는 말씀, 설거지하며 듣는 설교, 운동하며 듣는 성경, 일하며 듣는 찬양. 물론 안 듣고 안 하는 것보다는 낫지만 이런 행위보다는 동기를 점검해야 할 듯하다. 어쩌면 그 시간은 나의 죄책감을 덜기 위한 숙제의 시간이 아닐까? '그래도 말씀 들었어. 그래도 설교 들었어. 그래도 오늘 하루 찬양으로 시작했어.'

한낱 목회자가 집에 와도 만날 시간과 장소를 정하고 깨끗하게 정리하는 게 우리의 모습이고 그 만남 속에서 깊은 마음의 이야기를 주고받을 수 있다면, 출근길에 들은 말씀, 설거지하며 들은 설교, 일하며 들은 찬양에 만족하지 말고 하나님께 집중할 수 있는 시간을 꼭 가져야 한다. 새벽이 아니더라도 잠시 멀티태스킹의 업무에서 벗어나 핸드폰을 내려놓고, 하나님의 심방을 받고 나의 마음을 내어놓는 시간. 하나님께만 집중해서 시간을 온전히 드리고 몰입해야 한다.

성경이 현장을 만나야 신앙이 된다

 우리는 지금까지 책을 통해 많은 정보와 지식을 습득해 왔다. 가끔 내가 읽은 몇 권을 가지고 세상 전부를 아는 것처럼 목에 핏대를 세워가며 말하기도 한다. 요즘 아이들은 온라인과 유튜브를 통해 여러 가지 지식을 습득한다. 때로는 부모인 나보다 훨씬 더 다양한 지식을 전해주는 유튜브 영상에 감탄하기도 하고 염려스럽기도 하다.

 지식은 말 그대로 지식일 뿐이다. 책상에서 알게 된 정보이고, 영상을 통해 알게 된 지식이다. 우리가 살다 보면 알지만 책을 통해 알게 된 지식은 현장을 만나야 그것이 얼마나 유용한지 아닌지 알 수 있다. 이론과 실제 사이의 간격을 경험해 보면 이 책을 쓴 분이 현장경험이 있는 분인지 없는 분인지 금방 알 수 있다.

 가끔 정부에서 시행하는 정책을 따라가다 보면 느끼는 답답함을 탁상행정, 탁상론이라고 지적한다. 교실에서 배운 건축학으로 도시를 설계하고, 도서관에서 배운 교육학으로 백년대계라고 하는 교육의 정책을 세우고, 서재에서 배운 복지와 행정으로 지원금의 대상과 금액을 결정하면 어떻게 되겠는가!

 지리학을 공부하는 학자가 지리를 잘 모른다는 역설은 단지 지리학자만의 문제가 아니다. 교육학자가 교육 현장을 발로 뛰면서 그 아픔을 이해하지 않고 창백한 연구실에서 공부만 한다. 경영학자가 경영 현장의 아픔을 몸으로 이해하지 않고 경영학적 논리로만 현장을 재단한다. 경제학자가 현장을 구석구석 살펴보면서 경제 현실을 파악하지 않고 통계와 지표로 경제 현상을 설명하는 데 주력한다. 공부를 많이 해서 석학이 되었지만 책상 지식일 뿐 격전의 현장에서 먹힐 수 있는 삶의 지혜는 아니다. *

지식은 현장을 만날 때만 지혜가 되고 능력이 된다. 우리 집에는 작년부터 강아지를 한 마리 키우고 있다. 일명, 우리 집 셋째 '하봉'이다. 그런데 이 강아지를 집에 데리고 와서 어떻게 키울지 몰라 힘들어하고 있을 때 유튜브에 나오는 여러 가지 영상을 통해 도움을 받았다. 그리고 여러 권의 책을 통해 조금 더 전문적인 지식도 얻게 되었다. 그렇게 지식을 가지고 강아지를 키우다 보니 어느새 머리에 있는 지식이 아닌 실제 강아지의 마음을 읽고 교감할 수 있는 지혜를 조금이나마 가지게 되었다.

신앙도 마찬가지이다. 온라인으로도 얼마든지 건강한 신앙생활을 할 수 있다고 이야기한다. 물론 성경공부를 통해 지식을 얻을 수도 있고, 큐티를 통해 삶의 많은 부분을 깨달을 수도 있다. 하지만 그 지식과 깨달음을 나누고 적용하고 살아볼 수 있는 교회와 교우들이 없다면 우리의 신앙은 여전히 지식의 자리에만 머물 수밖에 없다. 어쩌면 마음은 더 편할 수도 있을지 모른다. 아는 것에 만족하고 쌓여가는 지식을 보며 만족할 수 있다. 하지만 이런 신앙은 탁상신앙일 뿐이다. 현장의 부딪힘 속에서 내가 변화되거나 누군가를 살리는 능력이 되지 않는다면 그것은 살리는 지식이 아니다.

그래서 귀찮고 힘들더라도 믿음의 현장에서 부딪혀야 한다. 말씀을 읽고 기도하며 쌓아온 나의 신앙 지식으로 다른 사람을 사랑하고 섬기며 나를 변화시키고 남을 살리는 현장 신앙으로 만들어야 한다.

---

* 유영만, 『책쓰기는 애쓰기다』, 나무생각, 2020년, 62쪽.

이름표를 붙여라

김춘수 시인의 '꽃'이라는 시이다.

내가 그의 이름을 불러 주기 전에는
그는 다만 하나의 몸짓에 지나지 않았다.
내가 그의 이름을 불러 주었을 때
그는 나에게로 와서 꽃이 되었다.

 이름을 짓는다는 것, 이름을 붙인다는 건 중요한 일이다. 이름을 통해 상대는 나에게 어떤 존재인지 그 가치가 정해지게 된다. 예를 들어 같은 돈이지만 누군가에게는 투자금이 되고, 누군가에게는 푼돈이 되기도 하고, 누군가에게는 공돈, 누군가에게는 용돈, 누군가에게는 비상금으로 불린다.

 그런데 놀랍게도 어떤 이름을 붙이느냐에 따라 그 돈을 대하는 나의 태도가 달라지고 보관하는 장소가 달라진다. 나의 비상금은 핸드폰 뒷면에 항상 들어있다. 그러다 보니 항상 두 번 이상 접혀있어야 하고, 그 녀석이 머물 수 있는 공간은 항상 아무도 보지 못하는 어둡고 침침한 장소일 수밖에 없다. 그리고 지난 몇 년 동안 밖으로 나올 일이 없이 늘 그 자리에 머물러 있어야 했다.

 그런데 이 작은 돈에 이름을 '저축', '용돈', '적립'이라고 붙이면 이것의 가치와 용도는 완전히 달라진다. 그래서 하나님께서 아담에게 가장 먼저 시킨 일이 이름 붙이기였던 것 같다(창2:19). 하나님이 만들어 주신 세상이긴 했지만, 그것들 안에서 함께 살아가야 할 아담이 이름을 붙일 때 그 대상들은 우리에게 너무나 가치 있는 존재가 되기 때문이다.

 믿음을 회복하는데도 이름 붙이기는 매우 중요하다. '교회'를 주일이면 가야 하는 곳, 일주일에 한 번 가야 하는 곳, 부모님께 용돈 받으려면 가야 하는 곳으로 이름을 붙여놓은 사람은 매주 한 번 교회 가는 그 길이 얼마나 재미없고 의무적인 길이 되겠는가!

 하지만 나에게 교회란 어떤 곳인지 다시 한번 묵상하며 주님을 만나는 곳, 내 영혼의 안식을 누리는 곳, 내 짐을 주님께 맡기고 오는 곳이라고 이름을 붙인다면 그곳은 일주일에 한 번이 아니라 시간만 나면 가고 싶은 곳으로 바뀔 수 있다.

 말씀, 찬양, 기도, 신앙의 모든 요소는 우리가 얼마든지 이름을 붙일 수 있다. 그리고 어떻게 이름을 붙이느냐에 따라 신앙의 요소들은 나에게 가치가 달라진다.

 '말씀'을 단순히 내가 읽어야 할 대상, 일 년에 일독해야 할 대상, 하루에 세 장 읽어야 할 숙제로만 생각하면 말씀은 나에게 부담일 뿐이고 일반 도서보다도 의미가 없는 책일 뿐이다. 그리고 읽고 싶은 마음은 사라지게 된다.

 하지만 '말씀'에 이름표를 출근길의 동반자, 내 영혼의 양식, 내 인생의 안내자로 바꿔 달아놓으면 우리는 출근길에 말씀과 동행하게 되고, 식사할 때마다 함께 먹게 되며, 어디로 가야 할지 모를 때마다 펴 볼 수밖에 없는 소중한 대상으로 서서히 변해가는 것을 경험하게 될 것이다.

 지금 잠시 시간을 내어서 나에게는 말씀이 어떤 상대인지, 기도와 찬양, 교회와 구역이 나에게는 어떤 가치가 있는지 다시 한번 묵상하며 구체적으로 이름을 붙인다면, 이러한 신앙의 요소들이 나의 삶 속에 얼마나 소중한 존재인지를 새삼 느끼며 매일 매일 기쁘게 동행하게 될 것이다.

특별은총과 일반은총

믿음의 사람들은 특별은총을 받은 사람들이다. 성경을 통해 진리의 말씀을 깨닫게 되었고, 예수 그리스도를 믿음으로 구원을 받은 특별한 은총을 받은 사람들이다. 죽을 수밖에 없는 죄인 된 우리가 하나님의 일방적인 선택을 받아 하나님의 자녀가 될 수 있는 것, 정말이지 특별한 은총이라고 표현할 수밖에 없다.

하지만 우리는 놀라운 일반은총 가운데 살아가고 있다. 자칫 특별은총만을 강조하다 보면 일반은총의 소중함을 놓칠 때가 많다. 그리고 일반은총은 모든 사람이 다 누리고 살아가는 은총이기에 나에게는 특별하게 느껴지지 않을 수 있지만 일반은총 또한 죽어 마땅한 내가 누리기에는 너무도 큰 은총이다.

만약 이 일반은총이 없었다면 하나님이 창조하신 세상은 이미 사라졌어야 한다. 왜냐하면 우리가 범죄한 순간 우리는 반드시 죽어야 했고, 하나님이 창조하신 자연 만물도 사라져야 했기 때문이다.

하지만 사랑의 하나님은 오늘도 우리에게 일반은총을 베풀어 주고 계신다. 오늘도 아침부터 따스한 햇살을 비추시며, 선선한 바람을 느끼게 해 주신다. 오늘도 아침부터 각양 곡식과 채소로 밥을 먹게 하셨고, 아름답게 변해가는 자연을 바라보며 교회로 나오게 하셨다.

결국 일반은총 없는 특별은총은 없다. 일반은총 속에서 우리는 하나님을 만나는 특별은총도 받게 되고, 하나님의 자녀가 되는 놀라운 은혜를 경험하게 된다.

그런데 우리는 자꾸 특별한 은혜만을 기억하고 일반적 은혜를 잊어버리고 살아가려고 한다. 교회에서 예배를 드리며, 말씀 속에서 특별한 은혜에는 감격하고 감사하면서 나의 일상에 부어주시는 일반적인 은혜들은 너무 쉽게 지나치고 있다.

편안히 호흡할 수 있는 일반은총, 편안히 누군가를 만날 수 있는 일반은총, 함께 모여 음식을 나누며 사랑을 나눌 수 있는 일반은총, 어딘가에 들어갈 때 체온을 점검하지 않아도 되었던 일반은총, 나의 동선을 굳이 알리지 않아도 되었던 일반은총, 누군가와 함께 엘리베이터를 탔을 때 불편함이 없던 일반은총, 마스크를 하지 않고 운동을 하던 일반은총, 편안하게 기침할 수 있던 일반은총….

이처럼 매일을 일반은총 가운데 살아가고 있다. 사람이 살아가는 데는 행복의 크기보다 행복의 횟수가 중요한 것처럼 내 삶을 둘러싸고 있는 일반은총들을 매일 느끼며 살아간다면 우리의 믿음이 점점 더 풍성해질 수 있을 것이다.

오늘도 내 삶을 둘러싸고 있는 일반은총들을 하나하나 발견해 나가며 모든 것이 은혜임을 고백하는 하루가 될 소원한다.

앵커 습관

 습관을 만들기 위해서는 내가 쉽게 할 수 있는 작은 습관부터 시작해야 한다. 그리고 작은 습관이 이루어지는 성공을 경험하며 점점 완전한 습관으로 만들어 가야 한다. 그런데 중요한 일은 작은 습관이라고 하더라도 내 몸에 익숙하게 만드는 데까지가 어렵다는 것이다.

 우리가 이 작은 습관 하나를 나에게 익숙하게 만들지 못하는 이유가 무엇일까? 사람은 본성적으로 새로운 것보다는 익숙한 것을 원하고, 변화보다는 안정적인 상태를 유지하길 원하기 때문에 의지만 갖추고 좋은 습관을 만들기는 어렵다.

 그래서 기존의 행동에 이어서 새로운 습관이 자동으로 이어질 수 있는 환경을 만들라고 조언한다. 그것을 '앵커 습관'(anchor habit)이라고 부른다. 앵커(anchor)는 텐트나 천막과 같은 흔들리는 물체들을 흔들리지 않게 고정해 주는 역할을 한다. 캠핑하러 가서 텐트를 칠 때 이 앵커를 제대로 박아 묶어 놓지 않으면 한밤에 불어오는 바람에 텐트 전체가 흔들리는 경우를 경험한다.

 이처럼 새로운 습관을 기존의 행동에 묶어 놓으면 자연스럽게 습관이 행동화된다. 예를 들어, 아침에 일어나면 바로 성경 한 절을 읽는다. 의자에 앉으면 바로 1분 기도를 한다. 화장실에서 나오면 바로 팔굽혀펴기를 10번 한다. 잘 자리 잡힌 기존의 행동에 새로운 습관을 연결해 나의 것으로 만드는 방법이다.

아침에 일어나면 바로 읽을 수 있는 성경 달력을 침대 옆에 둔다든지, 화장실에서 씻을 때는 찬양을 틀어놓고 따라 부른다든지, 출근하는 차 안에서는 설교 한 편 듣거나 읽어주는 말씀을 듣는다든지, 퇴근하고 현관문을 열고 들어오면 바로 아들 방에 들어가 한번 안아준다든지, 의자에 앉기 전에는 스쿼트 10개를 한다든지…. 기존의 행동에 하나씩만 습관을 고정해 나가도 우리의 믿음 생활은 서서히 회복되어 갈 것이다.

앉자마자 핸드폰을 열어 검색하던 앵커습관에서, 앉자마자 하나님의 말씀을 한 절 읽을 수 있는 앵커습관으로 변화시킬 때 삶의 곳곳이 믿음으로 채워지게 될 것이다.

다음 올림픽 준비해야죠

 2021년 8월. 말도 많고 탈도 많았던 도쿄올림픽이 끝이 났다. 팬데믹으로 인해 일 년이나 연기되었고, 대부분 무관중으로 경기를 치렀다. 각국 정상들은 불참했고, 화려한 개막식이나 폐막식도 볼 수 없었다. 식사 문제, 숙소 문제 등 여러 분야에서 많은 잡음이 터져 나온 올림픽이었다.

 하지만 4년을 준비한 아니 5년을 준비한 선수들에게는 소중한 무대였다. 그리고 그들의 열정은 그 누구도 막을 수 없었다. 올림픽에 참가한 선수들에게는 이 한 번의 경기가 지금까지 자신이 흘린 땀과 눈물의 결실이고 대가이다. 또 어떤 선수에게는 이 한 번의 경기가 지금까지 자신이 걸어온 선수 생활을 마무리 짓는 아름다운 퇴장의 무대가 된다. 그래서 모든 선수는 아무 관중도 없는 그곳에서 온 힘을 다해 끝까지 경기할 수밖에 없었다.

 많은 사람은 지난 올림픽은 절반의 성공이라고 이야기할지 모르지만, 내 눈에는 진정으로 스포츠를 즐길 줄 아는 사람들의 잔치였다. 그곳에 모인 선수들은 누가 보느냐 보지 않느냐가 중요하지 않았고, 매 순간에 최선을 다한 자기 자신을 칭찬하며 즐길 줄 아는 선수들이었다.

 그 많은 선수 가운데 가장 눈에 띄는 한 선수가 있다면, 도쿄올림픽 유도 남자 100kg 결승에서 일본 혼혈 선수 에런 울프에게 연장 혈투 끝에 안다리 후리기 한판을 당한 조구함 선수였다. 그는 패배 후 상대 선수의 손을 번쩍 들어준다. 그리고 자신의 패배를 인정하며 이렇게 인터뷰했다. "국가대표 생활을 10년 동안 하면서 가장 강한 상대를 만난 것 같다. 패배를 인정한다."

이렇게 자신의 패배를 인정할 줄 아는 그 모습만으로도 그는 멋있었는데, 인터뷰의 마지막에 "한국 가면 무엇을 가장 먼저 하고 싶으냐?"는 질문에 이렇게 우렁찬 목소리로 대답했다. "(다음) 올림픽 준비해야죠."

금메달에만 목을 매달았다면 실망감에 사로잡혀 한숨만 쉬고 있었을 텐데, 그는 정말 자신의 운동을 사랑하는 사람이면서 즐길 줄 아는 사람이었다. 그리고 나도 그렇게 신앙생활 하고 싶다는 마음이 생겼다. 하루하루 더 나은 믿음의 모습을 갖추기 위해 노력을 멈추지 않는 삶.

올림픽 개최가 불투명한 상황 속에서도 훈련을 멈추지 않았던 선수들처럼, 여전히 힘들고 어려운 상황임에도 믿음의 회복을 위해 다시 일어서기 위해 애쓰는 성도들의 모습을 보고 싶다.

먹방에서 탐방으로

 요즘은 먹방(먹는 방송)의 시대이다. TV에서부터 시작해서 유튜브에 이르기까지 온통 맛있게, 빨리, 많이, 먹는 사람들로 넘치고 있다. 유튜브에 나오는 먹방 스타들은 웬만한 TV 스타들보다 훨씬 더 큰 인기를 얻고 있다. 먹방 유튜버 쯔양의 경우 TV에 출연했을 뿐만 아니라 미국 야구협회에 초청받아 각 구장을 방문하여 먹방을 찍고 돌아올 정도이다.

 나도 얼마 전 먹방을 본 적이 있다. 쯔양의 라면 먹방, 히밥의 라면 먹방, 야식이의 라면 먹방, 천뚱의 라면먹방, 상해기의 라면먹방. 한 번에 18개, 20개, 22개를 먹는다. '어떻게 한 사람이 저렇게 많이 먹을 수 있을까?'라는 생각이 들면서도 맛있게 먹는 모습에 점점 매료된다. 그리고 나도 하나씩 끓여 먹기 시작했다. 예전에도 라면을 좋아하긴 했지만 '면치기'가 이렇게 재미있는 건지 처음 알게 되었고, 밥 말아 먹는 것을 더 좋아했던 내가 지금은 밥 없이 라면만 2개 끓여서 '면치기' 하며 행복하게 먹고 있다.

 그런데 사람들은 왜 이렇게 먹방에 빠져들고 있는 걸까? 왜 이렇게 남들이 먹는 모습을 보면서 행복해하고 있는 걸까? 심리학자 대부분은 이런 현상을 대리만족이라고 한다. 내가 먹지 못하는 음식, 내가 먹지 못하는 양을 맛있게 먹는 유튜버들을 보면서 내가 먹는 듯 행복해하는 심리이다. 나는 라면을 한 그릇만 먹지만 유튜브를 보면 20봉지 이상을 먹은 것과 같은 포만감이 들었다.

어쩌면 요즘 온라인과 영상으로 제공되는 콘텐츠 대부분이 대리만족일 때가 많다. 내가 가보지 못하는 곳, 내가 먹어보지 못하는 것, 내가 하지 못하는 것을 유튜버들을 통해 보며 대리만족을 느낀다. 그래서 현실적인 문제로 가지 못하는 여행도 가보고, 즐기지 못하는 체험도 경험한다.

그런데 안타깝게도 이렇게 대리만족하고 있는 것 중 하나가 신앙생활이다. 누군가 은혜롭게 찬양하는 모습을 보며 대리만족하고, 누군가 뜨겁게 기도하는 모습을 보며 대리만족하고, 누군가 교회에 모여 행사하고 있는 모습을 보며 대리만족한다. 내가 참여하지 못하는 미안함과 불편함을 온라인을 통해 한편으로는 해소하며, 한편으로는 대리만족하고 있다.

허전함을 느껴서 대리만족이라도 한다면 신앙 감각이 살아있는 것이라 다행스럽기는 하지만 '천국도 대리만족이 될까?'라는 생각을 가져본다. 마치 미문에 앉아 있던 나면서부터 앉은뱅이 된 사람이 평생 성전에 들어가고 나오는 사람을 통해 대리만족하며 살다가 예수님의 이름으로 일어나 그 기쁨을 직접 맛보며 춤을 추었던 것처럼, 유튜브 신앙생활로 대리만족하던 믿음이 이제는 직접 그 기쁨을 맛볼 수 있는 탐방으로 바뀌어야 한다. 보는 즐거움을 넘어 맛보는 기쁨을 경험하는 믿음 생활이 되어야 산다.

움직이고 어울려라

건강에 관한 관심이 높아지면서 모두가 건강하게 오래 사는 건강수명에 관한 관심이 높아지고 있다. 인기 있는 건강 프로그램 중 하나가 <KBS 생로병사의 비밀>이다. 이 프로그램에서 '블루존의 늙지 않는 비밀'이라는 주제로 세계 곳곳에 있는 장수인들을 관찰하고 그들의 특징들을 파악한 적이 있다.

가장 먼저 발견된 특징은 장수한 사람들은 끊임없이 움직이고, 어울려 산다는 것이었다. 100세 된 할아버지가 말을 타고 다니고 소의 젖을 짜고, 92세 할아버지가 마라토너로 달리고 있고, 90세 할아버지가 열매를 수확하고 양봉한다. 그리고 그들은 함께 어울리며 사회 공동체의 일원으로써 건강하게 살아가고 있다. 한 개인만 이렇게 건강하게 오래 살아간다면 타고난 건강이라 할 수 있지만, 저분들이 속한 지역, 회사, 공동체 사람들 대부분이 저분들과 비슷한 건강을 유지하며 살아가고 있었다.

믿음도 마찬가지다. 믿음은 명사 같지만 동사이다. 물론 믿음을 주시는 분은 하나님이다. 하지만 아무리 좋은 선물을 받았어도 책상 속에 넣어두면 사용하지 않게 되고, 매일 꺼내어 사용하면 가치가 빛난다. 그래서 믿음은 가만히 넣어두는 게 아니라 공동체 안에서 열심히 움직이고 활동해야 건강해진다.

코로나 이후의 교회는 코로나 때보다 더 큰 신앙의 위기를 맞이하고 있다고 말한다. 단순히 교회에 나오는 교인의 숫자가 줄어들고 헌금의 액수가 줄어들어 위기가 아니라 믿음의 움직임과 믿음의 어울림이 급격하게 줄어들어 위기이다. 모든 것을 멈추게 되면 처음에는 낯설고 이상하지만, 시간이 지나면 점점 편하고 적응한다. 시간이 지날수록 함께 하고자 하는 의욕보다 혼자 하는 게 익숙해진다.

침체의 터널을 빠져나온 지금, 우리는 다시 움직이고 어울릴 준비를 해야 한다. 마운드에 올라갈 투수가 먼저 연습 투구를 하며 몸을 풀고, 그라운드에 나갈 선수가 먼저 워밍업을 통해 몸 온도를 올리는 것처럼, 무기력한 상태가 끝나기만을 기다리지 말고 지금부터 움직여야 한다. 그리고 어울리기 시작해야 한다.

요즘은 교회마다 기관마다 온라인 과정들도 많이 생겼다. 내가 다시 하고자 하는 의지만 있다면 얼마든지 참여할 수 있다. 그리고 이어진 믿음의 관계를 통해 믿음의 블루존이 만들어지고, 나만 건강한 것이 아니라 그곳에 모인 모든 이들과 함께 건강한 믿음을 소유할 수 있어야 할 것이다.

하나님 앞에 가기까지 얼마나 남아있는지 아는 사람은 아무도 없다. 하지만 오래 사는 게 중요한 게 아니라 어떤 모습으로 오래 사는 것이 중요한 것처럼, 하나님 앞에 서는 그 순간까지 건강한 믿음으로 살아가기 위해 오늘도 움직이고 어울리는 믿음의 사람들이 되기를 꿈꾼다.

체중계가 정확해야 한다

 다이어트 생활과 믿음 생활은 유사한 부분이 참 많이 있다. 몸을 한번 만들기도 힘들지만 유지하는 게 더 힘들기 때문이다.

 그래도 많은 사람이 헬스장을 등록하고 PT를 받게 되면 원하는 몸무게까지 빼게 된다. 개인의 의지라기보다는 그렇게 할 수 있는 상황으로 나를 몰아넣은 결과이다. 투자한 돈이 아깝기도 하고, 도와주시는 트레이너의 지도를 받을 수도 있고, 목표로 한 시점과 몸무게가 있기 때문이다.

 하지만 그 시간이 끝나고 나면 대부분은 다이어트 성공자들이 겪는 요요현상을 맞게 된다. 그리고 이러한 상황을 반복하다가 스스로 나는 의지가 부족한 사람이라고 좌절한다. 그런데 사실 건강한 삶을 위한 자기 관리는 습관화를 통해 평생 관리해야 하는 일이다.

 믿음도 마찬가지이다. 나의 믿음이 어느 정도 성장했다는 생각이 들어도 절대 긴장을 멈추어서는 안 된다. 우리의 믿음의 목표가 나의 아버지 어머니 정도라고 해도 '언제 그만큼 자라갈 수 있을까?'라는 생각이 드는데, 그리스도의 장성한 분량에 이르기까지 자라야 한다면 우리는 하나님 앞에 설 때까지 성장을 멈출 수가 없다.

그리고 매일 나의 변화를 점검해야 한다. 매일 똑같은 운동과 루틴을 반복한다고 해서 계속 몸이 변화되고 좋아지는 것은 아니다. 몸도 운동의 강도와 방법에 익숙해지면 그 상태를 유지하려고 하는 항상성이 있으므로, 새로운 자극도 필요하고 운동 방법과 강도의 변화도 달라져야 한다.

지난여름 딸과 함께 다이어트를 시작했다. 한 달 동안 5kg을 줄이는 계획이었다. 딸이 좋아하는 젤리와 과자와 같은 간식은 줄이고 계단 오르기, 줄넘기, 호암지 걷기 등의 운동 시간을 늘리는 계획이었다. 딸이 생각보다 잘 따라와 주었다. 매일 그렇게 좋아하던 간식을 끊고, 집에 올 때도 계단을 이용했고, 저녁마다 강아지와 함께 호암지를 한 바퀴씩 돌았다. 그 결과 방학이 끝날 무렵 아빠도 딸도 목표한 몸무게에 도달할 수 있었다.

하지만 방학이 끝나고 학교생활이 시작되고 나니 하나씩 무너지기 시작했다. 다행히 먹는 것은 자제할 수 있었지만, 운동이 멈췄고 목표가 사라져 버리니 몸무게가 다시 슬슬 올라가기 시작했다. 그러던 어느 날, 저녁 퇴근을 했는데 딸이 너무 좋아하고 있었다. 운동을 안 했는데도 몸무게가 빠졌다는 것이었다.

그런데 기쁨도 잠시 다음날 다시 몸무게를 재었더니 어제보다 2kg이나 올라갔다. 체중계의 오류였다. 잠시라도 기쁨을 준 체중계가 고맙기는 하지만 잘못된 기준점은 우리로 하여금 거짓 안정감에 빠지게 한다.

때로 우리는 내 주변 가까이에 있는 사람들과 가정을 기준점으로 삼을 때가 많다. 목사님도 저렇게 사는데, 장로님도 저렇게 사는데, 권사님도 저렇게 사는데… 잘못된 체중계이다. 그들이 내 믿음의 기준점이 될 수 없다. 주변에 점점 늘어나는 깨어진 가정들을 보며 '다들 저러고 사는데'라고 생각하기 시작하면 우리의 가정도 똑같이 깨어진 가정이 될 수밖에 없다.

우리의 기준점은 한 분뿐이다. 성경에 나오는 믿음의 사람들이 나의 기준점이 아니라 예수 그리스도의 믿음과 삶이 우리의 기준점이 되어야 한다. 물론 연약한 우리에게 너무 높은 기준점이 될지도 모른다. 하지만 다른 기준점이 생기는 순간 우리는 하나님이 원하시는 만큼의 성장이 아닌 내가 타협한 성장점까지만 자라가게 된다.

  오늘 다시 한번 정확히 재어봤으면 좋겠다. 감히 예수 그리스도 옆에 나를 세워봤으면 좋겠다. 여전히 부끄러운 나의 믿음을 내어놓고 기도하며 나아가기 시작할 때, 내일은 조금 더 성장해 있는 나의 모습을 보게 될 것이다. 그렇게 오늘도 그리스도의 장성한 분량까지 성장을 멈추지 않는 하루가 되길 바라본다.

epilogue

믿음 탐색, 믿음아 안녕?

꿈에 대해 참 오랫동안 궁금해 온 것 같다. 내 꿈이 무엇일까? 하나님이 나에게 주신 은사가 무엇일까? 그래서 10대 후반부터 20대 후반까지 꿈에 대한 책, 은사에 관한 책들을 참 많이 봤다. 그리고 교육전도사 때 담당했던 아이들도 10대라 그런지 꿈에 대해 더욱 많은 관심을 두고 있었다.

그런데 10년을 연구하고 물어도 내 꿈 하나 발견하기가 너무 어려웠다. 그러던 중 꿈을 발견하지 못한 내가 찾았던 해답은 '꿈을 찾을 수 없다면 만들어 가자!' 나에게 주어진 하루하루를 충실하게 만들어 간다면 무슨 꿈이든 만들어 갈 수 있다고 생각했다. 그리고 지금까지 먼 미래의 꿈은 없지만 하루하루를 충실하게 살아가며 주어진 상황에서 방향을 조금씩 수정해 나가고 있다.

그런데 최근 김경일 교수의 강의를 듣다가 두 가지 형태의 진로 탐색에 관한 내용을 들었다. 많은 사람이 진로를 정하고 나아가는 데 어려움을 겪는 이유는 대부분이 적합 이론가의 형태를 따르기 때문이다. 적합 이론가(fit theorist)는 나에게 딱 맞는 꿈과 직장을 찾고 싶어 하는 일이다. 그런데 그것을 찾는 데 너무 많은 에너지를 쏟아붓다가 결국 나는 맞지 않는다고 생각하며 자포자기하게 된다. 어떤 사람은 일찍 자신의 꿈과 은사를 찾은 사람도 있지만 그렇지 못한 개발이론가들이 더욱 많다. 관심 가는 큰 영역에서 시작해서 조금씩 조금씩 구체적으로 자신의 꿈을 찾아가는 사람들, 점점 자신의 꿈을 좁혀가는 사람들 그리고 결국 그 속에서 자신의 길을 찾고 만들어가는 사람들이 개발이론가(develop theorist)이다.

나는 전형적인 개발이론가이다. 목회하려고 시작한 신학이 아닌데, 어느덧 목회자가 되었고 이제는 담임목사가 되어 있고, 계속 하나님께서 나에게 주신 소명을 찾아 그 범위를 조금씩 좁혀 나가고 있는 중이다.

그런데 팬데믹 기간 우리의 믿음도 마찬가지였던 것 같다. 이것이 맞나 저것이 맞나? 금방 끝나는 데 필요가 있나? 이걸 해서 얼마나 효과가 있을까? 교인들은 관심이 있을까? 괜한 고생만 하는 거 아닌가? 별로 참여할 사람도 없는데? 고민만 하다가 3년의 세월이 다 지나가 버렸다. 코로나 종식이 선언된 이 시점에서도 고민되기는 마찬가지이다. '그럼, 이제 뭘 하지?' 또 똑같은 고민을 하고 있다.

어느 때보다 변화가 빨라진 시대, 예상하지 못한 일들이 벌어지는 시대, 내일도 예상하기 어려운 시대 속에서는 개발이론가의 형태로 교회도 나아가야 한다. '누군가가 지금은 이것이 딱 맞다'라는 정답을 내어줄 때까지 기다리다가는 또 그냥 시간이 지나갈 수밖에 없다. 지금 내가 할 수 있는 제일 나은 방법을 선택하고 한 걸음 내디뎌야 한다.

시간을 내어 성경을 들을 수 없다면 차에서라도 들어야 한다. 하루 1시간 기도할 수 없다면 1분 기도라도 아침저녁으로 시작해야 한다. 자녀와 마주 앉아 큐티를 할 수 없다면 제목만 가지고라도 나눔을 시작해야 한다. 모든 예배를 다 현장에서 참여할 수 없다면 주일 예배라도 시작해야 한다. 그렇게 다양한 시도를 하다 보면 현재 상황에 맞는 믿음 회복 방법을 찾게 되고, 앞으로 상황이 어떻게 변하든 상관없이 우리의 믿음은 계속 성장하게 된다.

학교에서 우리의 성적을 책임져 주지 못하듯, 교회에서 우리의 신앙을 책임져 주지 못한다. 교회는 코치일 뿐이지 오늘 하루도 내가 나에게 가장 적합한 방법을 찾는 노력을 하지 않는다면 여전히 그 자리에 머물러 있는 나의 모습을 볼 수밖에 없다. 오늘 내가 하기 가장 쉬운 믿음 회복의 방법부터 시작해 보기를 바라는 마음에서 이 글들을 썼다. "믿음아, 안녕?" 나의 믿음을 탐색하는 하루, 또 하루가 되길 소망한다.

매일 물어야 할 말 믿음아, 안녕?

초판1쇄 발행 2023년 12월 25일

지은이 **박상현**

펴낸이/ 우지연　　편집/ 임은광　송희진　　디자인/ 김선희　샘물
마케팅/ 스티븐jh　　경영/ 박봉순　강운자
펴낸곳/ 한사람　　등록번호 제894-96-01106호
등록일자 2020년 2월 1일　　　주소 경기도 남양주시 다산지금로 202
홈페이지 https://hansarambook.modoo.at
블로그 https://blog.naver.com/pleasure20
ISBN 979-11-92451-27-5 (03230)

ⓒ 저자와의 협약으로 인지는 생략했습니다.
이 책의 저작권은 저자와 독점계약한 한사람 출판사에 있습니다.
무단전재와 무단복제를 금합니다.
잘못 만들어진 책은 구입하신 서점에서 바꿔드립니다.